XIAOBEN YANXIU
MOSHI YU
ANLI

# 校本研修模式与案例

刘天平　成心玄　著

河南大学出版社
HENAN UNIVERSITY PRESS

·郑州·

图书在版编目（CIP）数据

校本研修模式与案例 / 刘天平，成心玄著． -- 郑州：河南大学出版社，2025.2. -- ISBN 978-7-5649-6255-5

Ⅰ．G632.0

中国国家版本馆 CIP 数据核字第 2025MZ5223 号

责任编辑　赵海霞
责任校对　张玉梅
封面设计　马　龙

| 出版发行 | 河南大学出版社 | | |
|---|---|---|---|
| | 地址：郑州市郑东新区商务外环中华大厦 2401 号 | | |
| | 电话：0371-86059701（营销部） | | |
| | 网址：hupress.henu.edu.cn | 邮　编：450046 | |
| 排　版 | 河南大学出版社设计排版部 | | |
| 印　刷 | 河北虎彩印刷有限公司 | | |
| 版　次 | 2025 年 2 月第 1 版 | 印　次 | 2025 年 2 月第 1 次印刷 |
| 开　本 | 787 mm×1092 mm　1/16 | 印　张 | 13.25 |
| 字　数 | 210 千字 | 定　价 | 46.00 元 |

（本书如有印装质量问题，请与河南大学出版社联系调换。）

# 序　言

教育，乃是一场没有终点的修行。校本研修，则是这场修行中不可或缺的一环：它扎根于学校，生长于课堂，滋养着教师的实践与反思。《校本研修模式与案例》一书，正是对这一修行之路的生动记录与精彩诠释。此书为刘天平与成心玄两位同行合著，其中的天平老师曾经随我访学研修。看到他们的最新成果，我深感欣慰。下面，请容我略陈对这本新作先睹为快之感想：

## 一、教育之根应该紧紧扎在校本研修的沃土里

教育的本质是什么？是知识的传递，还是能力的培养？是文化的传承，还是人格的塑造？或许，这些都是答案的一部分。但在我看来，教育的本质更在于唤醒——唤醒教师的专业自觉，唤醒学生的成长潜能，唤醒学校的发展活力。而校本研修，正是这种唤醒的重要途径。所谓"校本研修"，顾名思义，是以学校为本位、以教师为主体的研修活动。它既不同于传统的脱产集中培训，也不同于单一的学术研讨，而是将教师的专业发展与学校的实际需求紧密结合，把教育理论与教学实践深度融合。它像一根纽带，将教师的个人成长与学校的集体发展紧密相连；它像一座桥梁，将教育研究的成果与课堂实践的探索有效对接。因此，在强调基础教育高质量发展的今天，校本研修的重要性愈发凸显。然而，如何让校本研修真正落地生根，如何让一线教师在实践中找到方向，仍然是摆在我们面前的一道难题。这本新作的出版，就在尝试着为人们提供一份相对详尽的参考答案。

## 二、理论与实践的双重变奏乃本书的独特魅力

应该说，本书的独特魅力，就在于其理论与实践的交响与变奏。它既不是空洞的理论堆砌，也不是简单的经验总结，而是试图将二者有机融合，从而形成一种独特的叙述风格。具体来看，本书的"理论篇"从校本研修的历史渊源、基本内涵和主要特征三个方面，为我们勾勒了一幅校本研修的全景图。两位作者通过对国内外校本研修发展历程的梳理，揭示了校本研修的来龙去脉；通过对校本研修内涵的界定，明确了其在学校教育中的定位；通过对校本研修特征的总结，为我们提供了理解校本研修的多维视角。"模式篇"与"策略篇"则进一步将理论与实践的结合推向深入。课例式、主题式、问诊式、嵌入式等多种校本研修模式与策略的探讨，不仅为教师提供了多样化的选择，还通过具体的实施步骤和关键要点，为教师提供了可操作的实施路径。这种理论与实践的有机结合，使得本书既有一定的学术价值，又具有很强的实践指导意义。最后，"实践篇"通过四个典型案例，生动展示了校本研修在不同地区和学校的实践应用。这些案例不仅为读者提供了直观的参考，还可启发一线教师在校本研修中的创新思维。上述四大模块紧密衔接，相互配合，收到了相得益彰的良好效果。

## 三、展现教育的温度与深度是本书价值之所在

教育的温度，在其对人的关怀与滋养。校本研修，正是这种温度的传递者与守护者。而本书的意义与价值，也正在于此：它不仅为教师提供了行动指南，还为学校提供了发展路径，更为教育实践和理论工作者提供了新视角和"好帮手"。譬如，对于一线教师而言，本书的最大亮点在于其鲜明的实践导向。通过对典型案例的分析，作者将校本研修的设计思路、实施步骤、注意事项等元素一一呈现，使得一线教师能够"看得懂、学得会、用得上"。这种理论与实践相结合的行文方式，使得本书成为一线教师开展校本研修的行动指南。对于学校管理者而言，通过对多种模式与策略的探讨，本书为学校提供了多样化的选择，从而能够满足不同学校、不同教师

的个性化需求。突出的灵活性与多样性，使得本书成为学校管理者推进校本研修的重要参考。对于教育研究者而言，本书也是一部具有一定学术品质的校本研修新作。其中"理论篇"对校本研修内涵和特征的系统梳理，即为相关研究提供了新的视角；其对模式与策略的深入探讨，也丰富了校本研修的理论内涵。本书对校本研修的理论探讨，使其呈现出特定的学术价值。

如果说，教育乃是一场没有终点的修行，而校本研修则是这场修行中的重要驿站。通过本书，我们可以窥见校本研修的无限可能。虽然本书可能还存在着理论分析稍感薄弱之微瑕，但我深信：它的面世必将为广大中小学教师提供宝贵的参考，进而推动校本研修在基础教育中更加广泛的应用。同时，我也特别期待，两位作者能够在未来的进一步研究中，继续深耕校本研修之田园，从而为基础教育高质量发展贡献更多智慧与力量。

"嘤其鸣矣，求其友声！"是为序。

（华南师范大学二级教授、博士生导师）

2025 年 1 月 22 日

# 目　录

## 理论篇

**第一章　校本研修的理论概述** ...... 2
　　第一节　校本研修的历史渊源 ...... 3
　　第二节　校本研修的基本内涵 ...... 10
　　第三节　校本研修的主要特征 ...... 20

## 模式篇

**第二章　课例式校本研修** ...... 46
　　第一节　课例式校本研修概述 ...... 47
　　第二节　课例式校本研修实施 ...... 59
　　第三节　课例式校本研修关键 ...... 66

**第三章　主题式校本研修模式** ...... 70
　　第一节　主题式校本研修概述 ...... 71
　　第二节　主题式校本研修实施 ...... 84
　　第三节　主题式校本研修关键 ...... 92

## 策略篇

第四章　问诊式校本研修 ............................................................. 96
　　第一节　问诊式校本研修概述 ................................................ 96
　　第二节　问诊式校本研修实施 ............................................... 107
　　第三节　问诊式校本研修关键 ............................................... 123

第五章　嵌入式校本研修 ............................................................ 135
　　第一节　嵌入式校本研修概述 ............................................... 136
　　第二节　嵌入式校本研修实施 ............................................... 148
　　第三节　嵌入式校本研修关键 ............................................... 166

## 实践篇

第六章　典型校本研修案例 ......................................................... 172
　　第一节　课例式研修激活行动密码
　　　　　　——浦东新区课例式校本研修的实践 ........................ 173
　　第二节　主题式研修构建专业发展蓝图
　　　　　　——广西柳州市柳江中学主题式校本研修的实践 ...... 178
　　第三节　问诊设计彰显教育智慧
　　　　　　——上海市松江区第六中学问诊式校本研修的实践 ... 186
　　第四节　嵌入式研修拓展工作场域
　　　　　　——重庆融汇沙坪坝小学的实践案例 ........................ 193

后记 ............................................................................................ 203

理 论 篇

# 第一章 校本研修的理论概述

校本研修作为教师职业能力提升和学校发展的重要途径，其历史渊源可追溯至20世纪初的欧美国家。起初，"校本"思想吸收了西方国家的教育思想，强调以学校为主体，教师为培训的核心，旨在解决教育理论与教育实践相脱节的问题。校本研修的起源可以归结为"校本培训"和"校本教研"的逐步发展。20世纪中叶后，西方国家兴起了校本课程活动，但初期并未充分利用活动教学资源进行办学研究和教学研究。基于现实需要，校本培训应运而生，力图解决教育理论与教育实践严重脱节的现实问题，并逐步确立了学校培训教师的主体性地位。

随后，校本研修在美国的"重建学校运动"中得到了进一步的发展，并逐渐在全球范围内产生影响。在我国，校本研修起步较晚，但自20世纪90年代起，随着"中小学教师继续教育工程"的启动，我国开始积极探索教师培训新模式，校本研修逐渐进入中国教育大众视野。进入21世纪后，我国对校本研修的研究和实践呈现积极探索、兼容并包的势头，但仍存在碎片化、浅显化的特征。

校本研修的基本内涵包括"校本""校本培训""校本教研"等方面。其中，"校本"强调以学校为主体，服务于学校的问题解决和目标实现；"校本培训"是根据学校的发展水平和教师发展需求确定的培训活动，旨在提升教师的教学水平和教学质量；"校本教研"则是以校为本的教育教学研究，以实现学校、教师和学生的协同发展为目的。而校本研修则是校本培训和校本教研有机结合的简称，它更具自主性和主动性，以推动学校、教师和学生的可持续发展为根本目标。

总之，校本研修是一种基于学校和教师的实际需求，通过学校和教师的发展来实现发展的新型教师继续教育形式，它力求学校、教师和学生的最大限度发展，并已成为国内外在职教师继续教育的主要方式。

# 第一节　校本研修的历史渊源

校本研修作为教师职业能力提升、学校发展的重要途径，具有其独特的演变规律和进程。研究和了解校本研修的历史渊源，是更有针对性和目的性地进行校本研修的前提和基础，其中包括校本研修的起源和来由、校本研修的发展和校本研修的现状，理清校本研修的来龙去脉，抓住校本研修的本质和关键，才能更好更高效地开展校本研修。

## 一、校本研修的缘起

"校本（school-based 或者 school-base）"的概念是吸收了西方国家的教育思想而产生的，其本意为"以校为本"，可以解释和理解为根本、主体等。"校本"思想的产生，是西方教育史上浓墨重彩的一笔，对其产生了深远的影响。具体形成一种理论和实践范式则产生于20世纪中叶前后英美等国家兴起的"校本课程运动"[①]。直到1971年，"以校为本"的概念才真正形成，并被美国以校为本管理委员会首次使用。发展到20世纪90年代，美国大部分州成立了以校为本管理委员会，要求教育要以校为本，在这样的教育思想引导下，美国校本教育取得长足的进步，并以实际的效果，辐射到英国、法国和新西兰等发达国家和地区。

---

① 董守生. 校本教研制度构建探究 [J]. 山东师范学院学报，2008(6).

"校本研修"的滥觞是"校本培训"和"校本教研",要想理清校本研修的缘起,必须从"校本培训"和"校本教研"起步。20世纪初,少数欧美国家已经开始注意到校本教学研究方面的教育活动,并在20世纪60年代出现。在教育研究与革新中心所保存的资料显示,校本培训最早在20世纪70年代的美国和英国出现,被称为"教师在职培训的新概念与新策略",而后在部分欧美国家中掀起了校本教育革新的浪潮。

在以英国、美国为首的传统教师培训工作中,一般将中小学教师集中起来,交由大学和教师培训机构进行专门的训练,这种培训方式有一个很明显的弊端——教育理论与教育实践相脱节,培训的效果并不理想;再者,作为学科体系的教育理论难以应对教师面临的复杂教育实践,难以解决具体的教育问题,而且经院式的教师培训使教师自主性得不到发挥[①],教师培训达不到预期值。20世纪中叶以后,一些西方国家兴行校本课程活动,不过在校本课程活动实施过程中,学校和教师并没有把握机会和充分利用好活动教学资源进行办学研究和教学研究,活动开展只是为了开展而开展,其研究的成果无法真实、客观、全面、完整地反映当时的教育现状,形成科学的系统理论,更无法有效地指导教育实践的开展,所以重蹈覆辙,重回传统培训的理论研究与实践操作相脱离的状态。基于现实需要,校本培训有其应有之义得以产生并运行,力图解决教育理论与教育实践严重脱节的现实问题。

综合上述因素的考虑,很多国家开始重视教师所任职的学校对本校教师的在职培训和影响,逐步确立了学校在培训教师的主体性地位,形成了以校为本的中小学教师培训模式,对世界教师的培训产生了深远的影响。在校本培训模式的培养之下,教师能够更加高效地将教学理论与实践相联系,更有针对性地解决教育教学中的问题,与此同时加强与专家和学者之间的联系,提高教学和科研能力水平。

---

① 周广强. 校本研修指南 [M]. 长春:东北师范大学出版社,2005:3.

因此，欧美一些国家普遍推行校本培训，注重学习主体地位，推动教师的终身可持续性专业发展，从教师本身经历的实际教育教学出发，解决实际问题。与此同时，借助在职培训的宝贵契机，与高校和培训机构紧密合作，取长补短，共同发展。

## 二、校本研修的发展

20世纪80年代后，美国发起了"重建学校运动"，在这场教育运动中，强调以校为本的教育思想，倡导把学校作为教师培训的基地，引起了社会的广泛关注。英国伯明翰中英格兰大学教育学院开设9门类似培训的课程，对中小学任课教师进行专业培训。[①]80年代中后期，英美等国开始实施著名的大规模的校本培训计划，其影响力蔓延到东南亚、南美洲和非洲的一些国家和地区。在这个时期的教师专业化运动过程中，教师校本培训与教师专业发展紧密相连。以学校为培训中心的教育改革要求教师融入改革浪潮中与时俱进，使教师在教学改革中的地位更加明确，使教师在学校的在职培训中的根本价值得以体现。这场运动，让更多人认识和关注了学校对于教师专业发展的重要作用，学校不仅是学生参与学习的场所，更是教师职业成长的温床和土壤。

直到20世纪90年代，这场教育改革运动轰轰烈烈，形成了著名的校本运动，校本教育改革范围迅速扩大，影响力和知名度逐渐提高。发展到后来，教师研修作为正面例子在国际教育会议上得到重视和认可，并得到借鉴和推广。例如1996年，联合国教科文组织在日内瓦召开了主题为"加强教师在多变世界中的作用之教育"的第45届国际教育大会，其中强调教师必须采取在恰当监督的学校内的实践经验手段来获得教学技能，与此同时抓紧行动研究，丰富教师教育的内容资源，提高与现实需要相适应的校内教师培训及学校规范的要求。会议通过的《建议》强调教师在提升专

---

① 周步新. 和周老师一起做校本研修[M]. 宁波：宁波出版社，2014:4.

业素养的同时,还应将所学传授给学生,培养学生将所学联系生活,学会学习;关注教师研修的主动性和自觉性,要求教师应积极制订进修的计划与进程。日本教育法甚至对教师的研修做出明确规定(《教育公务员特例法》),同时还开设了专门的教师研训机构。①

因为能够帮助教师和学校解决具体的实际问题,提高教师专业能力和学校办学水平,校本培训计划逐渐成为教师在职培训的主要抓手,成为学校发展计划的重要一环,在全球范围内产生广泛影响,英国是其中一个典型国家,正式评定校本教师教育(包括职前培养和在职进修)是培养有能力的教师的途径,世界上许多国家也已逐渐接受并引用了校本培训方式。②

20世纪80年代,在我国吉林省、湖北省等地率先进行以中小学学校为基本单位,推进教师继续教育,有一些省份将其写入了文件进行明确规定。国内的校本研修最早在20世纪90年代,我国启动了"中小学教师继续教育工程",积极探索教师培训新模式,但整体而言水平远远落后于国外。90年代后期,"八五"师资队伍培训愈演愈烈,我国教育在摸索中前行,校本在职研修出现在教育界并继续发展。

众多实践案例表明,以校为本的教师培养方式更有助于教师的专业发展。因此,上海市教委在1997年颁发《关于加强教师进修院校和中小学、幼儿园自培基地建设的若干意见》,落实了校本师资队伍培训的新方案。1999年,教育部首次发布《关于实施"中小学教师继续教育工程"的意见》,我国官方首次提出"校本培训"一词。文件中阐述了我国中小学教师继续教育的诸多问题,全国各地区中小学逐步开始落实校本培训的相关政策,并按照要求制订校本培训计划,建立其校本培训档案,开展形式多元

---

① 王芳,沈红梅.信息技术环境下校本研修的现状分析及建议[J].中国远程教育,2010(19):45.

② 周广强.校本研修指南[M].长春:东北师范大学出版社,2005:4.

化的校本培训。1999年9月，教育部颁布施行《中小学教师继续教育规定》，文件明确指出"中小学校应有计划地安排教师参加继续教育，并组织开展校内多种形式的培训"。同年，著名教育专家顾泠沅发表《走向21世纪的教师教育》一文，表明校本培训将成为21世纪教师继续教育的重要组成部分和形式，并且阐释了校本在职培训的形式更加适合我国地域分布广、经济分布不均衡、教师培训任务繁重的基本国情，掀起了我国对校本培训的众多讨论，校本培训进入中国教育大众视野。后在2004年，顾泠沅在上海市教育科学研究院首次提出"校本研修"的概念，校本研修自此与校本教研、校本培训区别开来。

### 三、校本研修的现状

我国对校本研修实施和研究起步比较晚，21世纪后，出现了一些关于校本研修的经验介绍，呈现积极探索、兼容并包的势头，但总体呈现碎片化、浅显化的特征。2001年6月，教育部颁布的《基础教育课程改革纲要（试行）》明确提出，我国开始实施新一轮基础教育改革，国家开始施行国家课程、地方课程、校本课程三级课程管理，改变以往课程过于集中的情况，增强课程对地方学校的适应性，要求开足开齐国家课程、完成地方课程、重视校本课程。国家、地方、学校三级课程管理确立下来之后，校本课程成为时代"新宠儿"，校本教研也顺应时代的潮流和满足教育发展需要而成为教育界关心关注的焦点和热点。

除此之外，新课改的试行，要求教师注重培养学生全面发展，体现学生的主体性和教师的主导性，其涉及的基础教育课程、教学等方面教育工作，改革范围和改革力度空前之大，是我国基础教育的进步的里程碑。新课程改革所针对的重要改革对象是教师群体。《纲要》对新课程的内容、实施、评价和管理提出了新要求，给教师队伍带来了新挑战。新课改要求下的新课程，需要在自主、自由、合作、探究的教学氛围中开展，主张用平等、灵活、诱导式的教学方法引导学生学会学习。教师不再是课程计划的忠实实施者，转而成为课程的开发者、创新者和创造者；教师不再仅仅是教材的复述者，更是个性化解读的教学资源丰富者，是与学生平等对话的帮助者，教师必须根据新课改要求的课堂教学和课程资源开发利用使教师积累更加丰富的专业知识和掌握更加扎实的理论基础，转变使用传统的填鸭式教学方式来灌输知识的状况。新课程的实施要求教师有效、灵活落实文件中的举措，并在此基础上有所创新，素质教育成为中国基础教育的核心目标。教师是提升学生素质教育的主力军，在全面提升学生综合素质之前，需要提高教师群体的素养和水平，为促进学生全面发展奠定师资基础。

促进教师的综合水平整体提升，需要以新课改为中心，开展一系列师资培训，保障教师继续教育和终身可持续发展。为了进一步突出教师队伍对新课改的重要作用并指导相应师资培训工作的有效开展，2004年教育部颁布《关于进一步加强基础教育新课程师资培训工作指导意见》，提出亟须改变教师培训的观念和形式，倡导校本研修与集中培训相结合的方式，走向研训一体化。要广泛发动和组织师范院校、教师培训机构、教研和教育科研等部门的专业研究人员和培训者，深入中小学进行调研，针对广大教师在实施新课程过程中反映的具体问题，平等对话，相互讨论，共同研究解决新课程实施过程中的困惑和疑难问题。

目前，校本研修在我国已有二十余年，在一些西方国家的实践时间更长，已经逐渐成长为国内外在职教师继续教育的主力军，是教师专业发展的主要途径和形式，同时也是学校发展规划中的重要组成部分。在不断吸收和内化国外校本研修先进理论和实践经验的同时，我国校本研修发展势头越来越猛，对我国师资队伍的建设发挥了不可代替的作用。但是校本研修必须根据学校的具体情况而实施，不可能照搬照抄其他学校的研修模式，必须经过一定的改造内化为本校的方案，才可以有针对性地解决现实问题。

因此，只有开展多样化、灵活化的校本研修，具体分析教育教学实践中反映的问题，平等对话得出策略，才能更好地指导教学实践的开展，通过往复循环和螺旋上升的研修过程，促进教师专业发展，落实新课改的教育理念，提高教育教学质量，全面提升21世纪学生的素质水平。

实施校本研修无疑是时代发展的需要，是教师教育取得更好发展的重要方式。进入新世纪，经济、政治、文化要求现代化，教育不应落后。现代化的新学校，必须培养新教师和新学生，让学生、教师和学校和谐统一发展。学生和学校的发展，离不开教师的不懈努力和专业能力素养的提高。在现代化学校中，应该培养教师的自主研修能力与团队协作能力，让自主交流和教学研究成为无形的氛围，带动教师群体互相学习、表达和交流，让校本研修共同体的作用充分发挥，使现代化学校真正发展成为研习氛围浓厚的学习型机构，这是学校走向现代化的显著标志之一。只有当教师真正成为研修的主人翁，课堂真正成为研修的主阵地，学校才能真正成为学习型机构，教师才得以更加高效、顺畅地达成专业发展的目标，实现人生价值。校本研修是现代化科学的培训形式，为教师专业发展提供了一种更加规范和有效的土壤和资源。

校本研修在我国发展到现在，出现了许多问题，需要继续改进。其一，校本研修的内容过于随意化，活动开展的形式过于单一，很多学校把校本研修等同于学科教研组活动，成为各学科教研组常规活动布置与传达的例行公事，主要是常态化的备课、上课、评课交流活动，缺乏顶层规划、缺乏长期目标和阶段计划；[①] 其二，校本研修的关系不平等，趋于等级化，按照研修的资历来进行等级划分，研修对象很少做到可以和培训者或者资深教师进行平等对话，资历较深者容易故步自封，内心抗拒来自青年教师的批评和建议。

---

① 李树培，魏非.中小学校本研修的问题、缘由与路径[J].教师教育研究，2019，31(02):37-41.

## 第二节 校本研修的基本内涵

伴随着研修活动开展范围的逐渐扩大,程度逐渐加深,校本研修的理念逐步明晰。作为教师专业发展和职业培训的重要途径,认识校本研修的基本内涵是教师的必备理论储备,同时也为参与校本研修进行知识储备,更好地指导研修活动的有序进行。"校本研修"的"校本"指的是什么?校本培训、校本教研、校本研修之间有什么联系?这三者对教师专业发展有何作用?这些问题都会在下文一一解答,弄清楚上述几个问题,从整体来把握校本研修的概念,学习接下来几章中的校本研修新型模式才会更加得心应手。

### 一、校本

"校本"的思想源自国外,本义是"以校为本"或"学校本位",解释为以学校为主体[①],学校是"校本"概念的核心,强调的是以教师所任职的学校为主阵地,以一线教师为主体,以教师在教育教学实践中的问题为关注点和载体,以改善教师的观念和行为、提高本校教育质量为根本目的。[②] 教师教育的校本化探索与实施,最早产生于教师职前教育实践当中,基础教育与高等院校互相合作,取长补短,基础教育的实践经验同高等院校的理论积累相结合,培养师范生的教学技能和素养。

"校本"之意主要包含三方面的含义:其一,为了学校(For School);其二,在学校中(In School);其三,基于学校(Based School)。"为了学校"可以理解为为了学校的未来发展,一切服务于学校的问题解决和目标实现;"在学校中"指的是本学校的问题解决必须经由学校人员,例如校长和教师

---

① 周步新. 和周老师一起做校本研修[M]. 宁波:宁波出版社,2014:4.
② 周红. 区域推进校本研修策略的个案研究[D]. 长春:东北师范大学,2014:16.

们商讨共同解决，其中探讨形成的教育实践方案需要在本学校内施行并得到学校人员监督和效果评估；"基于学校"意为所有活动的开展需要根据本校的实际情况进行分析和取舍，组织有重点、有针对性的研修活动，激发学校的内在潜力，挖掘教师的价值。以校为本，赋予了学校更多的选择权和自主权，创造了更加宽广的空间给教师和学生，可以根据学校的优势和特色，处理各项事务。[①]

## 二、校本培训

研究表明，"校本研修"最先是从"校本培训"发展而来的。"校本"的含义在上文已经讨论过了，那么"培训"的内涵又是什么呢？《现代汉语词典》中可以找到词语解释，"培训"意为培养和训练。按照欧洲教师教育协会1989年的有关界定，"校本培训"指的是源于学校发展的需要，由学校发起和规划的，旨在满足学校每个教师工作需要的校内培训活动。[②] 在传统教师培训的基础教育学校与高校结合的过程中，往往是大学和教师培训机构占据主导地位，培训的主要对象为一线教师，一线教师难以将高深抽象化的理论与教育实际相联系，培训的质量不高；而且，传统式的大规模集中的教师培训，无法让学校和教师的个性化潜力得到充分发掘。因此，"教师协会自主发展起的一些实用的教学技术和以问题解决为取向的学校本位的培训活动……受到学校和教师的普遍欢迎，并逐渐形成以中小学校为重心的教师在职培训模式"[③]。

校本培训最先是由教师培训发展而来的，教师培训指的是自上而下的、统一内容、统一要求和统一进度的，国家教育行政部门、培训机构组织学

---

[①] 孙荣君. 小学校本研修的问题及对策研究[D]. 大连：辽宁师范大学，2014.

[②] 郑金洲. 校本研究指导[M]. 北京：教育科学出版社，2002:216-224.

[③] 崔允漷，柯政. 学校本位教师专业发展[M]. 上海：华东师范大学出版社，2013:72.

习什么，教师就学习什么的培训形式。① 在这种教师培训下成长的教师，习惯于知识本位的培训方式，教师经过培训，只能学习培训者灌输的普遍性理论知识，无法针对性地应用于任职学校的教育实践当中。大学或者教育培训机构的培训者，过分强调教师职业所缺少的理论知识，了解他们的理论知识需求，却忽略了其理论的应用价值。因此，这样的教师培训所设计出来的培训课程，往往与教育实际相脱轨，很难得到一线教师的青睐。就是在这样的背景之下，校本培训应运而生，转而逐渐代替传统教师培训成为主流。在我国，校本培训是指在教育行政部门和有关业务部门的规划和指导下，以教师任职学校为基本单位，以提高教师教育教学能力为主要目标，把培训与教育教学、科研活动紧密结合起来的一种继续教育形式。

相比于传统教师培训而言，校本培训是一种更加强调教师实践情况，追求教师实践能力提升目标的培训形式，力求解决现实教育问题，提高教师教学水平和教学质量。20 世纪 60 年代，"以能力为基础的师范教育"反响很大，这时在美国教育界正式提出了校本培训，倡导培训者走进学校，走近基层一线教师，平等对话交流，共同服务教育实践。

校本培训将学校当作培训的基地，根据学校的发展水平和教师发展需求确定培训的课程和项目，形成具体可行的培训方案。总的来说，这时候的校本培训仍旧是"'我讲你听''我说你记''我引领你实践'，试图通过这种'传授'的方式让教师'获得'某些教育理论、学科知识或实践经验，进而将这些理论、知识或经验'运用'于实践"②。但不可否认的是，这种校本化的教师培训仍有其短期无法避免的缺陷。传统教师培训的历史遗留问题依旧存在于校本培训当中，培训者容易忽视教师的个性化研修，忽略教师的自主性和主动性，缺少教师对教学的反思和创新创造。最后还是让校

---

① 周红. 区域推进校本研修策略的个案研究 [D]. 长春：东北师范大学，2014:17.
② 胡惠闵. 从区域推进到以校为本：校本研修实践范式研究 [J]. 教育发展研究，2010 (24):61-67.

本培训卡在了瓶颈期，难以实现教学理论应用于教育实践，导致培训效果事倍功半，沦为形式主义，"大部分教师在参与了这类培训后，都很难把所学到的知识和技能运用到日常的课堂上"[①]。

2000年，湖北十堰市开展"中小学教师校本培训"专题研究，通过三年多时间的探索和总结，该课题组将"校本培训"定义为：校本培训是在教育行政部门和培训机构的规划和指导下，为满足学校和教师的发展目标和需求，衔接培训机构的集中培训和教师自学并整合各种培训资源的一种以中小学校为中心、以校长为第一责任人的开放的教师在职培训活动。[②]

综合国内外教育学者对校本研修概念的理解，有学者概括得出校本培训至少应该包含以下几点含义：

1. 以学校为本位，一切从学校实际出发。

2. 学校享有充分的自主权，教育行政部门对校本培训起指导作用，高校和教育培训机构对校本培训是合作关系。

3. 校长是校本培训的第一责任人，即第一主体。

4. 学校发展与教师专业发展协同推进，有机统一。

5. 培训目的与学校、教师的实践问题的解决相联动。

### 三、校本教研

校本教研指的是以校为本的教育教学研究，是一种以校为本的教学研究制度[③]，也可以叫作"校本研究"或者"校本科研"。校本教研可以追溯到新中国成立之初，学习苏联建设社会主义国家，但是落后的师资队伍水平无力支持教育建设。因此，为了塑造更高水平的师资队伍，国家倡导"学

---

① 顾泠沅，王洁.促进教师专业发展的校本教学研修[J].上海教育科研，2004(02):4-13.

② 张祖琴.校本培训实施指南[M].北京：首都师范大学出版社，2004:2.

③ 衡德翠.基于价值取向视角校本研修的个案研究[D].南京：南京师范大学，2015:17.

习苏联'教学法小组'的做法",设立教研组,希望通过组织教师"钻研教材、评议教学来引导教师去分析教与学的问题"①。在学校中采用"教学法小组",让教师们互动交流教学经验教训,分享优秀教法,促使教师形成研究共同体,取其精华应用于教育实践中去,形成不错的反响。

校本教研一般以一个学校作为研究的主体,以教学实际问题的解决作为研究内容,具体包括一线的教育工作者在实际工作中对学校管理、教学规律、教学问题、课程与教学的关系、课程的开发与利用、教学方式、教学效能、学习方式、教师成长、师生关系、教学环境等方面研究②,这也是教师实现专业成长的过程。在研究教学实践过程中,教师的教学水平逐渐提升,并且研究的磨炼让教师的理论研究水平也随之进步。它不仅是一种教师的专业发展活动,而且也是教师理论的提升过程,是校本研修的核心和重要环节。③校本教研以实现学校、教师和学生的协同发展为直接目的,最终目的是有效落实新课程改革,办好培养学生全面发展的素质教育。

但是在我国,学科教研组存在一个很明显的弊端,其"行政味道"浓于"教学研究味道",存在"教师被动参加、不以个人钻研为基础、一言堂、耗费时间"④的弊病。校本教研在2004年顾泠沅教授提出改为"校本研修"之前较为常见,而后"校本研修"的说法逐渐成为主流。

## 四、校本研修

### (一)校本研修的含义

"校本研修"从"校本培训""校本教研""校本研究""学科教研活动"

---

① 胡惠闵,刘群英.我国中小学教学研究组织的发展及其困境[J].教育发展研究,2012(02):1-8.
② 孙荣君.小学校本研修的问题及对策研究[D].大连:辽宁师范大学,2014.
③ 邹尚志.校本教研指导[M].北京:首都师范大学出版社,2010:15.
④ 胡惠闵,刘群英.我国中小学教学研究组织的发展及其困境[J].教育发展研究,2012(02):1-8.

等概念发展而来,"'研修'从其词语看,至少包含紧密相关的三个方面:研究、培训、自修"①,校本研修更具自主性和主动性。校本研修可以概括划分为校本教研、校本培训、校本管理、校本课程等板块的内容。"严格说来,校本研修也属校本范畴,它由'校本培训'发展而来,并丰富和完善了'校本'的思想和实践模式"②,学者顾泠沅的观点认为,"校本教研"改成"校本研修"会更加贴切。

校本研修与校本培训和校本教研相比,有了本质性的进步和发展。校本研修其实是校本教研与校本培训有机结合的简称,以推动学校、本校教师、本校学生可持续发展为根本目标,"立足于本校工作实际,根据教师自身专业发展的需要,开展自主、合作、探究性学习和锻炼,提高教师的专业修养,促进教师专业化发展的一种新型的教师继续教育形式"③。在研修活动开展的形式方面,校本研修借鉴了校本教研的"行动研究"的优势,并且与校本培训的活动内容有机整合,促进研修活动成为教师学习的共同体,成为教师合作学习的平台,其中囊括了专家和学校领导,为教育教学观点交流创造机会,让校本研修活动相融于教学活动。

除此之外,校本研修为了有效弥补校本教研和校本培训的缺陷,比如培训者水平较高,但培训对象培养效率较低等问题,倡导"建构一个有效的协作机制,以整合教师教育资源,形成以学校为'结点'的教师教育网络体系,实现教师教育资源共享"④。提高区域性的教育资源利用效率,为教师研修提供丰富资源。

关于校本研修的定义,很多学者提出了自己的看法,无法统一一个高

---

① 郑金洲. 若干教育术语辨析 [J]. 教育理论与实践,2008,28(09):3-6.
② 胡惠闵. 从区域推进到以校为本:校本研修实践范式研究 [J]. 教育发展研究,2010 (24): 61-65.
③ 周冬祥. 校本研修:理论与实务 [M]. 武汉:华中师范大学出版社,2007:8.
④ 徐学俊,周冬祥. 教师校本研修及其区域协作机制探索 [J]. 教育研究,2004 (12):65-69.

度认同的定义，但概括得出，校本研修包括以下几点共性的内涵：

1. 力求学校、教师和学生的发展：具体为提高学校的办学质量、提高教师的教育教学水平、促进学生全面发展。

2. 基于学校和教师的实际需求：这是校本研修的前提，校本研修所要解决的问题是学校和教师在教育实践中提出的问题、思考和创新发现，而非部分专家口中的"束之高阁""纸上谈兵"的问题，研修活动的开展必须基于现实需要。

3. 通过学校和教师的发展来实现发展：学校和教师所出现的问题，还需要学校和教师亲自解决，"解铃还须系铃人"，充分利用本土学校和教师的优势资源和条件，促进校本研修特色化发展。

通过学者归纳，"校本研修"的含义指的是立足于本校工作实际，根据教师自身专业发展需要开展自主、合作、探究性学习和锻炼，提高教师专业修养水平，促进教师专业化的一种教师继续教育形式。[①] 展开说来，校本研修的出发点和落脚点都是为了推动本校发展，为了本校师生可持续性发展。在学校的详细规划的具有针对性的研修方案的指导下，教师以提升执教能力为直接目标，经过专业人士的规范和指导，在交流中更新教育理念和提升教学能力。这样具有规范性、科学性、系统化的研修形式，可以成为教师专业发展的一条捷径，培训内容大多"干货满满"，可以达到快速成长的目的。

### （二）校本研修的主体

1. 校长是校本研修的第一责任人

校本研修力求学校、教师和学生协调统一最大限度地发展，这个目标的达成，关键在于校长的英明领导。毫无疑问，校长是一所学校的指明灯，对学校和教师的发展起着重要的指导作用和领导义务。校长应该深入了解、

---

① 衡德翠.基于价值取向视角校本研修的个案研究[D].南京：南京师范大学，2015.

诊断、分析和厘清学校的实际情况，与学校教师团队共同探讨校本课程和研修活动方案。

首先，校本研修是一所学校发展的关键活动，信息化迅速发展的时代，价值多元化发展愈趋明显，校长应及时、恰当地诊断并作出价值判断，树立起学校价值导向的大旗。校长是学校的一张活生生的名片，具有其地位的特殊性，校长要及时更新自己的知识，对自己的教育管理理念、教学方法、自我的能力和观念进行反思，创设适合于校本研修发展的学校环境，营造师生共同学习的良好氛围。[①]

其次，领导设计好校本研修的方案规划后，校长还应切实监督研修活动的实施并给予指导意见和建议。在校本研修活动开展过程中，校长应严格要求教师认真对待，例如研修期间不能随意玩手机、接听电话，活动结束后认真完成导师布置的作业等。另外，校长还应参与研修活动的组织和管理，制定并严格落实研修制度，奖惩有条，并在时间、场地、资金和专业资源方面全力支持。

2. 教师是校本研修的第一主体

从校本培训、校本教研到校本研修，教师的教学方式、研究和学习的方式和形式产生了深刻的变革。教师的教学实践主要体现于课堂教学当中，是教师专业发展的主阵地。教师作为研修的主人翁，必须学会自主研修，把握学校现有条件和网络资源，进行有计划的系统性自学，将知识应用于日常的教学实践中，并提炼出自己的经验教训，在实践反馈中印证理论的可行性和可操作性，并将教学实践经验转化为理论阐述。校本研究作为培训的一种形式，只是短期的阶段性能力提升，教师专业能力可持续的提升还是要靠平时的努力。在校本研修中，教师是研修活动的主体，以研究者的身份参与活动。教师应在教学实践中养成反思性实践的好习惯，在日常

---

① 孙荣君. 小学校本研修的问题及对策研究 [D]. 大连：辽宁师范大学，2014.

教学中发现问题、思考问题、解决问题，形成研究意识，时刻以研究者的心态置身于教育教学情境之中，并以研究者的思维来思考和分析教学实践中遇到的各种问题。[①]

### （三）校本研修的内容

教育教学实践是校本研修的主要内容，贯穿于中小学教师职业发展的全过程。在教育教学实际中遇到的现实问题，是研修的出发点和着眼点。在实践中发现问题、分析问题，在实践中诊断问题、获得反馈，形成策略后应用于实践中进行效果检验和评估。值得注意的是，研修内容不能无的放矢，杂乱无章，须从主题性、研究性上去考虑。

### （四）校本研修的场所

学校是校本研修的重要基地，是校本研修之"本"，同时也是教师生活、工作和创造自己的一番事业的重要场地。校本研修的理论基点就在于研修是在学校中发生的，以单个学校作为单位施行研修活动，实现教育权力的下放，保障学校的自主权，根据学校和本校教师的客观需求制订个性化的研修计划，兼顾学校特色和教师自身需要。另外，学校还是课程研修的最佳场所，按照美国课程理论家古德莱德的课程分析框架，课程在经历"观念层次"和"社会层次"之后，最后将走向"学校层次""教学层次"和"经验层次"[②]。课堂教学是校本研修的主阵地，校本研修不应该，也不可能脱离课堂教学和课程的实施，课堂中的教育教学实践是见效最好的修习方式。课堂是教师教学实践的主阵地，教师课堂教学行为，是课堂教学活动的实体部分，教师课堂教学行为影响并决定着教学质量。

---

① 袁东波. 一课三讲与校本研修 [M]. 天津：天津教育出版社，2018.3.
② 马英志. 校本研修面面观 [M]. 长春：东北师范大学出版社，2010:2.

## （五）校本研修的目标

校本研修的直接目的是解决现实问题，这就意味着教师要将所研究的项目内容取材于自身教育教学实践经历，要求自下而上进行探索和研究，同时也要求教师必须使用自身真实案例，研究源于自身实践的真实问题。当然，不可全盘否定自上而下的理论知识的指导性作用和忽略他人教育教学的经验教训，可灵活处理。校本研修的最终是为了学校的发展，为了学校教师的发展，为了学校学生的发展。校本研修的第一大主体是教师群体，教师综合素质的整体提升，可以促使学校实现特色化、针对性的可持续性发展。教师作为发展的关键枢纽，其专业发展对于学校办学质量的提升和学生的人生健康发展起着关键作用。

教师专业发展的内涵是什么？我国也有专家认为，教师专业发展就是教师的专业成长或教师内在专业结构不断更新、演进和丰富的过程。[1] 教师专业发展理论是校本研修的理论基础之一，该理论认为教师本身应该具备教学者和研究者双重身份，具备相应的能力，这对教师提出了更高的要求。教师想要得到专业的可持续性成长，必须不断努力研究、进修、反思和实践。根据朱益明的研究表明，中小学教师的专业发展较为成功的关键因素在于：教师自身的积极参与、强有力的领导与管理和"教师专业发展新文化"的构建。[2]

教师专业发展是一个层层递进、循序渐进的过程，在发展过程中，教师的教育理念和知识视野、结构、储备都将需要经历螺旋式上升的阶段，具有反复性、动态性和灵活性。教师在教育实践、学习研修中不断接受新知识，增强专业能力，教育综合素养在其中得以不断丰富和发展，它很大

---

[1] 韩传信.论教师专业发展评价的准则与方法[J].教师教育研究，2009，21（02）：70-75.

[2] 朱益明.校本教师发展论[M].天津：天津教育出版社，2006：42-45.

程度上取决于教师的心态和作为。① 课堂教学的实践当中，蕴含着丰富的教与学的内涵，为教师的思维提供多方面的资源，通过教学绩效评估，能够经由大数据了解自身不足和缺陷，从而提高课堂效率和教学的有效性，是教师扬长避短的"法宝"。总而言之，教师专业发展需要教师不断改进实践性知识和积累理论知识。

研究表明，教师专业发展的路径主要有三条，一是自发的教师专业发展；二是外控的教师专业发展；三是内控的教师专业发展。② 自发的教师专业发展缺少监督机制，教师容易走弯路，无法接受科学性的指导；或者过于散漫，得不到督促而导致效率不高。外控的教师专业发展之路容易忽视教师个体的个性需求和节奏，不能照顾每个教师的实际需要。内控的教师专业发展路径结合了自发和外控两种形式的优点，主要指的是教师在自主发展的内驱动力驱使下，配合适当的调控机制帮助实现专业成长，但是这条路径却极为理想，难以实现。校本研修的出现和不断完善，为实现教师的专业发展提供了平台和资源，学习共同体让教师可以相互督促，进行合作学习，帮助教师更顺畅地实现专业发展。

## 第三节　校本研修的主要特征

校本研修具有鲜明的特征，主要包括主体的明确性、方式的多样性、内容的针对性、组织的灵活性、实施的主动性几个方面。为了使特征更加容易理解，特结合校本研修相关案例进行解读。

---

① 孙荣君．小学校本研修的问题及对策研究 [D]．大连：辽宁师范大学，2014.
② 袁东波．一课三讲与校本研修 [M]．天津：天津教育出版社，2018:5.

## 一、主体的明确性

明确教师是参与校本研修活动的第一大主体,这是校本研修的显著特征。校本研修是一种以教师为中心而开展的教学行动研究,聚焦点在于教师自身实践中遇到的问题和寻求解决问题的方法,需要教师高度的自主意识和主动性研究,最终的目的在于解决自身教育教学实践的问题,提升应对能力,从而提高教学效率,更好地培养学生发展核心素养。因此,研修活动的目的和价值取向决定了其主体的明确性。通过调查、统计和分析教师的旨趣和现实需要,为教师提供对口的研修活动平台和课程,引导教师培养其研究教育教学的意识,在实践中落实、检验、提炼理论,在理论中结合实践。研修活动的开展必须尊重教师的主体地位,了解和研究教师的兴趣、教学思想和教学方法,共同分析实践当中遇到的难以解决的问题。

校长作为校本研修的第一责任人,作为学校和教师发展的领头羊,应积极做好与本校教师沟通交流的工作,采取现场听课、参加课例研讨和访谈等方式,全方位了解教师的心理状态和教学情况,定时收集整理教育教学中存在的问题,为教师们定制专门的研修活动计划,并根据实际进程进行灵活调整。

## 二、方式的多样性

校本研修不再使用传统教师教育的那套纯粹进行教学式培训的形式,在研修活动开展方式方面做了许多创新。其中校本研修中最常见的是教师论坛、案例分析、课堂研讨和小课题研究四种方式。[①]

（一）教师论坛

教师论坛主要参与人员是教师,常见的为老教师与新教师的探讨,优秀教师与普通教师的经验分享等。

---

① 周广强.校本研修指南[M].长春：东北师范大学出版社,2005:29.

## （二）案例分析

即课例研究，挑选一个或多个典型教学案例，召集教师共聚一堂进行阅读或观摩，规定时间进行思考，然后各抒己见进行发言，商讨研究课例。这个表达与交流的过程，就是研修的过程，教师们可以在探讨中进行思维的碰撞，提升教学思想高度，解决现实问题。

## （三）课堂研讨

课堂教学是研修的主阵地，在课堂上的表现也是教师最直接、最真实的情况，对上课教师的教学目标实现和教学难点突破，教学操作和学生的反映情况进行记录和评估。

## （四）小课题研究

倡导教师把在日常教育教学实践工作中遇到的难以解决的难题记录下来，并积极思考解决方法，与其他教师交流制定解决方案，将这一类疑难总结提炼成小课题，开展多轮行动研究，将理论与实践相结合。

多元化的研修方式，为教师提供了更多思考、表达、交流的机会和更大的展示平台。下面是浙江省一小学的优秀校本研修案例，结合案例分析、课堂研讨和小课题研究等方式，总结实践问题，记录研讨智慧结晶，思考解决教学实践问题的策略。

# 让教师在教学研修中成长[①]

浙江省温岭市城西小学

## 一、背景

教研组是学校学科教学研究组织的最小细胞，日常教学所碰到的大量

---

[①] 李亦菲.校本研修理论与实践[M].天津：天津教育出版社，2008:19-23.（部分内容有删改）

实际问题是通过这个组织得到有效解决的,它关系着学科教学研究的质量和方向,是校本教研的基石。以集体备课为载体的校本教研就是在各个教研组中开展。集体备课的操作流程为:

准备活动:主要备课教师在每次活动前,提前钻研教材,搜集相关信息,设计教案,打印成文,在集中讨论前两天发给组内每位教师本节课的教案,并准备好主讲内容,交到教研组长处。辅助备课教师须在活动前熟悉教材,考虑相应的教学设计,认真阅读主备教师的教案,提出自己的不同观点,在教案的四分之一空白处做适当调整,为组内集中交流做好充分准备。

分组活动:包括三个环节。第一环节,备课教师结合教案,阐述主讲内容;第二环节,组内教师针对备课教案、主讲内容,各抒己见,进行讨论交流,主要备课教师根据组内讨论情况填写《集体备课活动记录本》;第三环节,组内教师根据本班实际情况,批判性地吸纳集体生成的智慧,在教案的空白处修改补充,形成符合本班学生实际,具有个性化、特色化的教案。

教研活动:即主要备课教师根据自己的教案,吸收教研组内其他教师的意见修改教案,面向组内教师开设教研课,以深入探讨教案的设置、课堂教学中的问题及教案的可操作性、实用性。同时,教研组长组织好听课后的评点工作,落实好评点时间、地点,做好教研记录,确定中心发言者,做好中心发言者的评点记录。

课后活动:主要为教师个体的课后反思的教案再设计。课后反思即教师对自己每一课的教学情况进行反思,写出教案中可行的地方,课堂教学中成功及失败之处,为下一轮备课做必要的准备。课后再设计即教师调整教案中不适合学生实际、学生需求的环节,重新设计可行性教案。

为更加有效地发挥教研组在促进教师专业成长中的作用,温岭市教育局教研室于2006年10月26日召开以"课例演变为载体,让教师在集体研究中感受到专业成长的快乐"为主题的小学数学教研组教研活动研讨会。这次研讨会,选取二年级数学《角的初步认识》、四年级数学《商不变性质》这两个个案。

二、活动策划

（一）前期准备

为了促使执教者与组内教师有更多的时间去熟悉教材、钻研教材，2006年6月初，市小学数学教研员王老师来校联系这项工作。我们根据市局教研室相关要求，于6月中旬启动此项工作。我们首先确定低、高段两位数学老师担任本次的执教任务。接着两位老师根据本次研讨会的主题及特点确定内容分头备课。然后在暑期开始前把教案分发到相应的低、高段两大教研组教师手中。在暑假期间，组内教师根据各自理解对教案进行调整。下面以二年级数学《角的初步认识》为例谈一下我们实践的过程。

（二）过程实践

1. 第一次试讲

开学后的第二周，我们组织了教研组内教师对教案进行讨论并做了修改。第三周我们进行了第一次试讲。《角的初步认识》大致教学过程如下：

（1）创设情景，导入新课

老师提问：同学们，我们的国旗上有你认识的图形吗？这个图形为什么叫五角星？过渡：角到底是什么样的图形呢？今天我们就一起来认识这位新朋友。

（2）自主探究，学习新知

①找角：根据书上的情景图，以课件的形式出示，让学生找角；找生活中的角；引出由一点出发引出的两条直直的线组成的图形就是角。

②折角：用圆形的纸折角；比角，初步感知角有大有小；摸索折的角，认识角的顶点和边。

③做角：用学具做活动角。

④比角：用活动角感知角的两边叉开的大一点角就大，叉开的小一点角就小；出示两个角（角的大小一样，边不一样），通过剪角的边，感知角的大小与两条边的长短没有关系。

⑤画角：自学课本，自由画角再讲评；课件演示画角过程；根据画法

进行画角。

（3）巩固练习

①判断：哪些是角，哪些不是角，并说出理由。

为什么会出现这样的局面？教研组内教师开展了激烈的讨论。我们帮助执教教师反思：讲解导入问题不够简练，在小学生心目中"五个角就称为五角星"基本认知已经形成，没有必要问为什么；学生对问题的回答有时候并未到位，甚至有些回答本身是不正确的，但老师没能刨根问底去了解学生为什么这样想；学生缺少自主探究的时间和机会，课堂容量低。整节课仍显得比较呆板。于是，进行了第二次试讲。

2. 第二次试讲

（1）谈话引入

提问（出示三角板）：知道这个叫什么吗？为什么叫它三角板？过渡：你们想知道角的秘密吗？今天这堂课我们一起来认识角。

（2）自主探究，学习新知

①描一描：把三角板上喜欢的一个角描下来，并进行讲评。

②摸一摸：摸三角板上的角，认识角的顶点和边。

③画一画：画一个和刚才描的角大小不一样的角。

④找一找：找情景图操场图上的角；找生活中的角。

⑤玩一玩：用学具材料做角；用活动角感知角的两边叉开的大一点角就大，叉开的小一点角就小；出示两个三角板的60度角，感知角的大小与两条边的长短没有关系。

（3）巩固拓展

①判断：哪些是角，哪些不是角，并说出理由。

②练习：这个图形中有几个角？

③创造：用角创造图案。

反思：整节课用一个三角板、一张白纸、一个活动角上，简简单单，让课堂教学回归原生态的课堂教学。但是一节课下来，总觉得课堂缺少灵气，课堂上总感觉缺少了点什么。玩一玩过程中，由于学生不会说，出现教师引导多的现象。最后由于时间不够，巩固拓展这一环节没有做完。

3. 第三次试讲

在执教者自我反思，教研组老师的共同努力下，我们又对教学设计进行了修改，准备组织第三次试讲。通过自我反思、同伴互助设计的教学是否达到了比较高的层次呢？显然，我们的水平还有待提高。这次，我们邀请了市教研室王老师、台州市名师、省教坛新秀颜老师等专家来听我们第三次试讲。过程如下：

（1）谈话引入（同上）

（2）自主探究，学习新知

①描：选择三角板中其中一个你最喜欢的角把它描下来，并进行点评；观察角有什么相同的地方，从而认识角的顶点和边，并认识角的弧形表示。

②画：闭起眼睛在大脑里想一个角的样子；把所想的这个角画在白纸上，指名学生表演，进行点评。

③找：看课本上的情景图，找出图上藏着的角，用弧形表现出来；在生活中找角。

④玩：做活动角；探究角的大小与什么因素有关。

（3）巩固拓展（同上）

这次试讲在时间把握、课堂容量、教学理念上都比前两次有了较大的提高。对教学目标、课堂设计、学生学习活动等问题的处理都有了很大进步。专家们对这节课给予了高度评价。

反思：课堂教学气氛比前几节活跃，学生的参与热情高涨，对角的认识也比较深。但是，"描"这一环节，由于学生对角的感知不够，直接让学生描角时，学生都出现了描三角板的现象。画角比较难，可能描角之后让学生直接画角，学生对角的表象建立还不够，导致画角时出现了一些学生不会画的现象。创造角的时间比较紧张，没有时间留给学生想象创造，只作为课后的作业。

因此，在描角时，老师要强调学生只描一个角，把找和画的环节进行调换，先让学生在找角的过程中对角有比较深刻的认识，对画角起到一定的帮助。这样，就可以有效地利用教学时间。

在专家引领下，我们再次进行了反思，修改教学设计，组织了第四次试讲，教师进步非常大，基本上解决了上述问题。

在温岭市小学数学教研组教研活动研讨会上，这两节课受到与会老师一致好评。他们认为这两节课教学目标定位准确，课堂容量选择适当，教学设计科学合理，并将课堂中的偶发事件作为课程资源来利用。

（三）后继研究

围绕学校教研主题"关注学生学习活动"到"关注差异、主题参与、发挥潜能"的延续与发展研究，我们将开展对学生学习活动问题的深入研究，对教学设计的深度作有益的尝试，并陆续在教研组展开全面性的工作。

三、活动的感受与启示

（一）教师方面

1. 转变教师的教学理念是促进学生主体发展的前提

教师的教学理念是实施教学行为的灵魂。新课标提出的"以学生的发展为本，让学生自主探究学习"，很多老师在实际教学中却存在各种各样的顾虑：课堂出娄子怎么办？无法控制课堂怎么办？浪费课堂教学时间，完不成教学任务怎么办？学生没有遵循老师设计的教学进程怎么办？在每一次对教案修改的过程中，看起来差别不是很大，但是所折射出来的教学理念是大不相同的。因此，在实际教学中，老师要努力摆脱原有的思维定式，拓展知识范围，真正转变自己的教学理念，允许学生质疑，允许学生出错，鼓励学生猜想，让课堂真正活跃起来。

2. 尊重学生实际是促进学生主体发展的重要条件

有意义的数学学习必须建立在学生对知识学习的主观愿望基础上。可我们教师总是希望教学顺顺当当地完成，尽可能"免生枝节"。于是，便有意无意地去压制学生的主体意识。在教学中，往往让学生按照老师设计的教学路线行进，学生自主学习的欲望就逐渐地在老师的统一要求中慢慢耗尽。因此，在实际教学中，老师要大胆放手，从学生实际出发，尊重学生的知识基础，让学生充分利用已有的经验自发探究，获得新知。在课堂上，凡是学生能理解的就让学生独立思考加以理解。教师充当教学的组织者、引导者与合作者，让学生主动参与教学活动的全过程。

3. 为学生提供足够的学习时间和空间是促进学生主体发展的关键

数学学习过程包含观察、实验、模拟、判断、推理等探索性和挑战性的活动，要促进学生自主学习，必须给学生充分的自我思考空间和时间，这样学生的学习过程才能得以充分展示出来。因此，在教学中应充分调动学生去观察，去感受，去猜测，去交流，去概括，让学生参与到学习的过程中来。在学习过程中，掌握知识，形成技能。从而体会学习数学的快乐，形成稳定的、积极的情感态度。

（二）学校方面

1. 构建教师发展制度

通过校本培训促进教师发展，已经成为教师队伍建设的一个热点。我们认为，一所学校的教师专业发展水平，并非取决于教师的学历，更取决于促进教学水平提高的机制。学校应以教师为本，充分发挥教师的自主精神，促进教师的专业发展，为教师的发展创设空间，提供条件。这几年，学校精心构建并实施了适合本校实际的校本培训制度。如学校层面的校本培训制度：教师基本功竞赛制度与基本素养进修制度、教师全员培训学习与骨干教师培训选送制度、教师自培三级台阶与帮扶制度等。教研组层面的校本培训制度：教研组教学设计四度调整制度、课堂教学组内常规研讨制度、业务杂志交流制度等，充分发挥教研组的基层教学研究作用。特色性的校本培训制度：三级机构工作制度、管理研究职能制度、行动研究推进制度、教师评价奖励制度、三级信息储存制度等。通过建立健全校本培训的导向机制、激励机制和保障机制，促使校本培训走向正规化。

2. 拓展教师学习空间

新课改不但对教师的专业知识提出较高的要求，还要求教师更新教育观念。而观念的更新需要更新知识，丰富内在，使自己成为主动学习、终身学习的实践者。为此，学校要求教师进行自主性学习，并向教师推荐专业学习书目。拓宽教师视野，为教学行为转变提供理论素养。学校还要求每位教师每学期听自己主课以外的学科五节；每月一次集中学习与交流，了解相关学科的内容与标准，明确学科整合的重点与切入点。同时，40周岁以下教师参加英语培训，由学校安排专职教师辅导，学会简单的英语教学用语。

3. 搭建教师展示平台

教学研究是学校不断前进和可持续发展的动力，是教师对教育规律的深入探究，是教师对教育教学现象从感性认识上升到理性认识的必由之路。学校创设机会，采取措施，搭建好能够为不同层次教师服务的平台。如课堂教学研讨观摩，实施"同课异构"和"一人同课多轮"活动。积极探索课堂教学研讨形式，开展以课堂教学为载体的教学研讨活动。学校举行教坛新苗、教坛新秀、教学能手等比赛，促动教师发展自我动力，为青年教师展示自我搭建平台。学校为教师创设条件，提供讲坛，让教师的思想认识在碰撞中激起争鸣，在交流中促进提高，并积极引导教师从司空见惯的事物中发现新的特征、细节、方向，切实注重课题的过程管理。根据学校龙头课题，各课题组成为一个校本科研协作体，参加课题研究的教师将科研成果实行资源共享，进而提高教师的专业理论与实践水平。

## 三、内容的针对性

上面内容提到，校本研修的主要内容是教师本身的教育教学实践经历，教育实践既是研修的出发点，又是教学实施的落脚点。因此，校本研修的内容与开展活动的学校的校情及该校的教师教育教学实践息息相关。教师应力求做到教学、学习和研修三者协调联动，有机统一和谐发展，让校本研修活动针对自己的教育教学实践问题而持续开展，为自己的教育教学能力提升而积极进修，在自己的教育教学实践中总结问题和检验研修成效，从而体现校本研修的针对性和实用性。

### 四、组织的灵活性

**（一）研修时间灵活**

研修时间的确定十分灵活，根据学校日常教学安排和其他活动安排时间表进行确定，可以灵活调整，避免过于死板。

**（二）研修内容灵活**

校本研修的内容也可以随机应变，每个教师都是独立的个体，带的班级和教授的科目也不尽相同，其教育教学实践经验具有很大的差异性，遇到的困难也不一样，研修的内容可以灵活处理。内容可以是事先确定的，也可以是临时讨论生成的，内容的灵活选择不影响研修的质量和效果。

**（三）研修场所灵活**

研修的地方可以在课堂教学中，也可以在课堂外的会议室、户外等。

**（四）培训者灵活**

校本研修活动中对教师们培训的培训者，可以是校方聘请的专家学者，可以是优秀的教师，可以由校长和科组长主持，也可以由教师们相互交流。

**（五）组织形式灵活**

在校本研修活动组织形式的选择上，可能是大规模的集中式培训，也可能是个别化培训或分散式的小规模针对性培训。大规模培训的优点是可以容纳很多人员，培训的总量大，总体而言缩短了培训的时间，但是容易忽略教师的个性特征，难以保证每个教师的交流机会，培训质量也很难保证。小规模培训也有优点，可以具有针对性地具体地指导教师工作开展，交流探讨更容易深入，但受众较少。

下面是四川省阿坝藏族羌族自治州黑水县的一个校本研修活动的案例，体现了研修的组织形式灵活性、组织时间灵活性和研修内容应变性。

### 如何加强学校的教师队伍建设，如何改进学校管理[①]

时间：2005年7月20日上午

地点：四川省阿坝藏族羌族自治州黑水县教育局会议室

主持人：成都教育学院陈大伟

参与人员：爱德基金会援助黑水"民族地区教师后适应新课程"项目受援学校校长、副校长共28名

活动记录：

8:30，主持人：各位校长，根据培训日程安排，我们今天将在一起讨论怎样组织和实施校本研修。我们今天所要讨论的问题是"如何加强学校的教师队伍建设，如何改进学校管理"。现在的桌椅是听报告的摆放方式，不适合参与和讨论，我们先要将桌椅调整成方便讨论的摆放方式。

8:40，主持人：现在请校长们围坐在讨论桌前，请副校长到主席台前就座，一会儿我们将请校长们根据要求参与讨论。请副校长注意观察和记录活动进程，并思考这次活动的目的、做法和其中蕴涵的校本研修理念。

说明和反思：这次研修，既要帮助校长初步认识和解决学校在教师队伍建设和学校管理等方面的问题，更重要的是使校长获得组织校本研修的感受体验和方法。将副校长置于观察者的位置，目的在于防止校长们"不识庐山真面目，只缘身在此山中"这一举动，同时希望校长们获得要"自觉对教育和管理活动保持审视，从而追求理性实践"的体验。简单地说，在这里将参与者一分为二，是希望校长们能够在平时的工作中一分为二：一个努力实践，一个理性思考规划实践。而且，校本研修工作一般由副校长主持和管理，让他们作为旁观者效果应该更好。但实际效果表明，应该

---

[①] 陈大伟著.校本研修面对面[M].北京：中国轻工业出版社，2006:30-35.（部分内容有删改）

对这种安排早做说明,部分副校长开始并不理解为什么这样做,认为这是歧视,从而个别副校长心里则出现了疙瘩。

主持人:现在我们要请校长们提出您在教师队伍建设和学校管理活动中感觉最需要研究和解决的问题。

此时,校长们还比较拘谨,于是主持人改用通过点名的方式请校长说说自己感觉需要研究和解决的问题。在提出问题的过程中,主持人引导校长澄清和规范表述的问题,并在用词和格式上调整,以增加问题的可讨论性。先后有8位校长说出了自己想研究和解决的问题,这些问题分别是:

1. 如何解决教师的学习信息和资源缺乏的问题?
2. 如何解决中老年教师适应新课程的问题?
3. 在条件艰苦的半高山学校,如何留住教师的问题?
4. 教师如何适应新教材的问题?
5. 如何争取家长、社会理解和支持的问题?
6. 如何提高教师的教学水平和能力?
7. 如何提高教师工作积极性的问题?
8. 如何提供平等竞争舞台促进教师发展的问题?

9:00,主持人:我们的校长有19位,每一个问题的讨论小组至少需要4位校长,在时间和人员有限的情况下,我们只能选择重要的和共同关心的问题进行讨论,我们这一次只能讨论5个问题。我们用举手选择的方式选出5个问题,现在请认为应该讨论"教师的学习信息和资源缺乏的问题"的校长举手。对这个问题,校长中没有人举手。

活动中的反思:问题出在主持人的沟通上,主持人以为校长已经体会到了每人可以举手5次,但校长大概没有意识到这一点,所以第一个问题的选择成了"零"。

主持人(调整):注意,每位校长可以选出5个您认为有讨论价值的问题。

主持人:现在我们要就这5个问题组织5个研究小组,您参加哪个研究小组您可以自愿选择。但我们提出的选择建议是：首选的条件是您对这个问题有研究、有经验，其次是您对这个问题有强烈的研究兴趣。

说明：首选条件明确为有经验或者有研究，目的在于提高研讨质量，保障研讨水平，使校本研修得到提升和改进实践的效果。

主持人：为了保证5个问题都有人研究，我们规定每个问题只需要4位校长研究，因此在已经有4位校长签名的情况下，您只能选择另外的问题研究了。

在这次活动中，为了避免所有校长集中在一两个问题上，人数太多，责任分散，大家意见难以充分表达，所以这样说明。而在平常的活动中它遵循的原则是，校本研修的问题必须自主选择与组织安排有机结合。（校长在每个问题以后签名选择自己参与的小组。第8个问题已经有了4位校长，但仁校长说，他特别想参与讨论这个问题，主持人同意了他的选择。）

说明：尊重参与者的选择是尊重参与者人格的具体体现。

主持人：现在请各小组选出研究和讨论小组的主持人、记录员、汇报员和噪声控制员。

（主持人说明各自的责任）

说明：在校本研修活动中，必须让所有参与者都意识到自己的责任，都能够承担自己的责任，这是保证校本研修全员参与的基础。

9：20，主持人：现在请各小组开始围绕你们小组讨论的问题，从以下几个方面进行讨论：这个问题的现状表现是什么？出现这些问题的原因是什么？我们在解决这个问题上已经有了哪些经验和思考？解决这个问题可以采取什么办法？要解决这个问题，我们需要提出的建议是什么？我在这里提醒大家注意两点：一是所有的参与者都必须发言，二是必须认真分析已经有的做法和经验，充分利用现有经验和做法。请副校长选择您感兴趣的小组观察或者参与。

（副校长有的选择参与，4位副校长选择组成新的小组，研究第6个问题）

评价：这是一个十分令人高兴的现象，一方面，说明这种活动有意义和有价值，大家愿意参与；另一方面，校长们从开始的拘谨走向了主动。同时，也可以从中看出这样一个可能的结论：在校本研修活动中，参与者比旁观者将获得更多，这种获得是对单纯知识获得的超越。

（各小组的讨论过程略，在讨论过程中，主持人三次提醒大家：研修的水平和质量体现在是否有了超越现有的解决办法，各组一定要努力保障研修质量。）

10:25，主持人：请各小组再对各组汇报员汇报的提纲讨论一下，力争让他的汇报能够反映你们小组的集体智慧。

10:30，主持人：现在大家可以休息15分钟。

观察和反思：有两个组讨论还很热烈，没有休息，看到校长们如此积极认真参与，真是一件令人高兴的事。

10:45，各位校长陆续回到座位。

主持人：刚才有两个小组讨论得很热烈，没有休息，现在你们还有没有需要方便的，如果有需要的，请你们动作迅速地去方便，我们等着你们，5分钟后继续。

说明：一方面，校本研修要坚持以人为本，体现对人的关心；另一方面，交流分享是变个体、小组智慧为群体智慧的阶段，它既是"校本"的应有品性，又是"校本"的必然环节，预先防止分享交流中的走动和分散精力，有利于提高分享交流的质量。

10:50，主持人：现在我们要分享大家研究和讨论的成果。我首先要提醒大家，请大家务必认真听取其他小组的汇报，我们可以说，如果您认真听取了其他小组的交流，您就可能获得6个问题的解决方案，如果您不认真听取，今天上午您可能只对一个问题有所认识。每个小组有10分钟，5分钟用于汇报员汇报，5分钟由小组其他成员补充或者接受其他小组的质疑和建议。

杨校长所在小组在汇报"如何争取家长和社会理解和支持教育的问题"的解决办法时，把关注焦点集中在如何动员家长、如何加大行政执法力度以保障九年义务教育实施等方面。汇报结束，主持人照例征求小组其他成员有没有补充，并提醒其他小组成员可以对此发言。这时代校长举起了手。

代校长：我认为"如何争取家长和社会理解和支持教育的问题"有一个被动和主动的问题。从主动的角度讲，首先我们必须有好的教育质量和高的教育水平；其次我们要开展有意义和有价值的活动来吸引家长和教育家长，我们学校在这个方面做了以下工作……家长很喜欢到学校，现在学校的大型活动期间，简直就是家长们一个盛大的节日，比过春节还热闹。

主持人：感谢代校长的意见。代校长的经验实际上涉及学校的一种新的功能发挥问题，就是如何发挥学校在社区、农村的文化传播作用，如何把学校建成为社区、农村的文明中心，以此中心传播文化、辐射文明、影响社区文化建设。我知道有一位农村小学校长，他是这样做的……我们可以由此想一想，如何发挥学校的新功能，把学校建设得更好。再次谢谢代校长的意见，他为我们打开了办学的新思路。

反思：分享交流不能一言堂，不能只允许一种声音。激发参与，尊重不同意见，充分肯定创新性见解是广泛参与并主动表达自己意见的基本保证。在分享交流中，专家的作用是捕捉有意义、有价值、有创新的意见，一要把它们放大以引起大家的关注和重视；二要想办法加以提升，以促使大家从更高的层面和视野来思考这些问题；三是尽可能介绍相关问题的外地进展和经验，为有兴趣的持续研究者指出一条道路。

……（其余汇报和咨询略）

11:35，主持人：现在我们要请一位副校长说一说这次研修活动的主要环节有哪些，并说一说组织类似活动我们要注意什么。

（一位副校长发言）

11:40，主持人介绍这次活动的主要环节并说明在活动设计时所期望展示的校本研修基本理念。

说明：这次活动目的是要让校长在活动中学习怎样组织校本研修。经历过程、小结活动环节是让校长认识组织校本研修的方法，小结设计理念则是为了让校长获得校本研修的基本理念。

12:00，研修活动结束。

## 五、实施的主动性

校本研修一般情况下由学校自行组织和实施，培训者也大多数是本校教师。当然，校本研修的规划必定离不开校外教育专家和学者的指导和帮助，他们与校内教师一同交流讨论，组成学习共同体，互补发展。由于校本研修内容的针对性，决定了其实施的主动性，学校和教师必须根据实情，有针对性地解决个性化问题。

下面是奉化市岳林中心小学卓旭皓老师的校本研修的实践案例，充分体现了教师研修的自觉性、主动性，并且与校外专家紧密合作，追求研修效益最大化。

### 深入主题阅读链接单元习作
#### ——指向习作的"专题单元"阅读教学内容研究[①]

**奉化市岳林中心小学 卓旭皓**

下面我将以我校高语组本学期"深入主题阅读链接单元习作——指向习作的'专题单元'阅读教学内容研究"这一小课题研修为点，尽可能呈现我校语文组的研修全貌。

（一）研修目标及确定

研究目标：

1. 通过研修，提高老师们解读文本的能力。善于发现文本语言特色以及同主题教材中的写作异同。

2. 梳理四至六年级教材间一组适合学生模仿和运用的课文，并加以合理地归纳和整理。

---

① 周步新著.和周老师一起做校本研修[M].宁波：宁波出版社，2014:369-374.（部分内容有删改）

研究内容：

1. 同一组课文中两篇课文有什么文本语言特色，在表达同一主题时有何写作异同？

2. 四至六年级语文课文中适合学生进行模仿和运用的课文或者语段有哪些，可以进行何种分类？

3. 结合教学实际经验，学习已有的资料，根据我校学生实际，分别确立四至六年级各"专题单元"阅读材料中极具价值的习作知识点和习作能力。

4. 一堂指向习作的"专题单元"阅读精品课，具有怎样的教学形态？

该小课题的确立是在上学期研修的基础上产生的，同时集中了组内教师的智慧，通过学生问卷调查等途径，最后确定。"深入主题阅读链接单元习作"是兼顾现行教材单元主题式编排和习作序列不明显的现状而确定，要求教师在追求阅读教学实效时能兼顾单元习作将目标更多地聚焦于表达能力的培养；"指向习作的'专题单元'阅读教学内容研究"则体现一线教师研修的方向。几年的研修经验告诉我们，在小课题研修中一线教师最得益也最适合进行的是用好教材方面的实践和探索。因此将课题缩小为：阅读教学内容的研究。

从以上目标确定和内容的设定不难发现，我们的小课题研究是以实际、实用、易操作为原则，以激活个体能量，以使人人参与、提升为目标。研修的最终价值不在于研究出了什么令人瞩目的教学方法，形成多么高深的教学理论，而在于促使每位教师不断吸收先进的教学理念，不断深入研究教学内容，孜孜以求不断思考，从而获得不同程度的真正的提升。当小课题研修成为促进自身发展有效途径的时候，校本研修活动将不再空前，不再流于形式。

（二）研修步骤及做法

1. 活动思路

结合学校"名师工作室"活动以及语文第一协作组的力量，调动语文中心组、备课组的能量，紧扣主题顺序开展"学习思辨—实践探索—研讨交流—总结反思"四阶段的研磨探究活动，如此内外使力，保证全体语文教师有效提高教学能力。

【第一阶段学习思辨——个人经验与专家引领相结合提高思辨效率】

个体反思：领会研修主题精神，根据提供的学习材料，就本册语文课本进行关于"加强阅读课中指向单元习作的指导和实践"方面的教学行为反思。反思要求——通读整册课本，解读同一主题的文本（即一个专题单元）在表达上采用的方法；就其中一篇课文进行片段设计，以阐释自己的理解。

各备课组梳理：根据年段教学目标，初步确定各"专题单元"阅读教学中指向单元习作能力提高的习作知识点和习作能力；梳理完善四至六年级下册主题阅读教材中的适教材料，并能指出同一组教材中所运用的不同的表达方法。

【第二阶段实践探索——组内研讨和备课组研修相结合提高实践质量】

采用备课组集体备课、磨课，教研组观课和议课，对每个年级的代表课例进行剖析，明确各年级组在"专题单元"阅读教学中重点落实的习作能力训练点，呈现较为完善的读写结合课例。

| 课例 | 单元主题及习作要求 | 教学内容 |
|---|---|---|
| 四年级《和我们一样享受春天》 | "战争与和平"一张旧照片"看图写想象"（废墟中的孤儿，战火中的啼哭） | 读懂文中四个画面；<br>拓展其他战争画面；<br>融情想象战争画面；<br>从"看到""听到""想到"等角度活化画面表达情感。 |
| 五年级《丰碑》 | "作家笔下的人物"一个特点鲜明的人（运用课文中一些写人的方法写一个印象深刻的人，要求反映人物某一方面的特点。） | 感悟文字体会"丰碑"形象；<br>抓住文中围绕神态词具体展开具体描写的写法，揣摩人物形象；<br>感受插图中的将军敬礼神态，并围绕神态，抓住人物动作，加入适当想象，将神态写具体，尝试刻画人物形象。 |
| 六年级《真理诞生于一百个问号之后》 | "科学精神"综合习作（无明确规定）根据议论文的观点，将具体事件改写成事例。 | 读懂事例，明确论点；<br>比较事例，理清表达规律；（篇幅较短；条理清晰；发现问题——具体探究——呈现结果）辨析事例，初步感知围绕论点安排事例详略的写法。<br>拓展事例，尝试改写。 |

**【第三阶段研讨交流——校级研讨和名师工作室合作提高研修品位】**

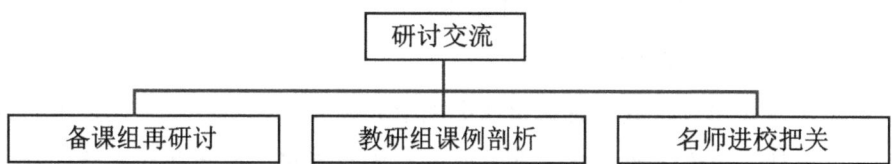

阶段目标：通过两轮的教学展示，结合日常研修实践，打造指向习作的"专题单元"阅读教学课堂精品课。通过将省市级名师请进校进行把脉，保证精品课的质量，使研修活动更具实效。

我们今天的活动呈现的正是第三阶段研讨交流活动之课例剖析及名师进校把关。

**【第四阶段总结反思——主题研修与个体内化相结合提高研修实效】**

阶段预期目标：总结反思，个体层面为结合自己的教学实践撰写教学论文，提升自己的专业水平，促进教师专业化发展；教研组层面为结合本学期的主题研修，提炼本主题教学策略，甚至有参考价值的相关教学模式等。

（三）课例研讨及磨课

今天高语组呈现的《小嘎子和胖墩儿比赛摔跤》这一课例，是第三阶段研讨交流的第一个环节"备课组再研讨"的研修结果。在第二阶段实践探索环节，高语组三个备课组分别以各自的课例为研讨焦点，用实践探索的方式摸索阅读教学与习作教学的结合点。那么，第三阶段则是全体组员聚焦《小嘎子和胖墩儿比赛摔跤》一文，进行再一次的实践探索。我们的具体做法是：集体备课，确定预设——集体磨课，完善预设——中心组磨课，查漏补缺——集中展示，名师把脉。

1. 集体备课，确定预设

在集体备课时，我们挖掘出《小嘎子和胖墩儿比赛摔跤》一文中的多处文本秘妙。如浓重的乡土气息，地方方言的运用；运用熟知事物进行打比方的写法；穿插互动式描写；动词的准确使用；有序描写短时间发生的事件；用动作描写、语言描写等刻画人物形象等。课文所在单元是"作家笔下的人物"，又在联系了单元习作为"一个特点鲜明的人"（运用课文中一些写人的方法写一个印象深刻的人，要求反映人物某一方面的特点），我们认为本文是"人物描写一组"关于动作描写刻画人物的语例，因此体会动作描写的写法以及初步运用动作描写刻画人物形象必然是本课的教学重点。考虑到小学阶段往往是以事写人，因此教学中加强了文脉的梳理，梳理包括对整文的梳理以及对摔跤过程的梳理。

2. 集体磨课，完善预设

在经过第一轮磨课后，我们深刻感受到用动作描写刻画人物形象并不是一个小题目。在具体实践中，对用动作描写来刻画人物形象的写法缺乏具体有效的指导。在经过讨论后，我们确定本课就以单个的动作描写作为重点指导内容，保底教学目标是让学生能通过抓住神态，运用比喻和想象等把单个动作写具体，进一步掌握此种刻画人物的写作方法。本课拓展第二次摔跤，请学生抓住"咬"字进行写法实践这一环节给了我们听课教师惊喜。我们发现，由于"咬"和胖墩儿的"倒"几乎是顺联发生的动作，许多学生在成功写具体"咬"之后，能自然写到其他关联的动作。这样的发现给我们第三稿设计带来了灵感。

3. 中心组磨课，查漏补缺

第二次研讨后的课堂，我们加重了对单个动作的描写和连续动作的描写两类动作描写的阅读感知，省却了对整文的脉络梳理，使学生尽可能有时间在阅读中感受人物形象。当然，阅读感受是为了更好地体会动作描写带来的妙处，因此课末安排学生写具体第二次摔跤中"咬住、倒地"的那一幕，把"咬"这一动作写具体为保底目标，同时鼓励学生展开想象尝试连续动作。写完之后，通过阅读练习的动作描写感受人物形象进一步强化这一写作方法。

4. 集中展示，名师把脉

我们低语组和高语组一样都是这样扎实潜心围绕一个主题有序开展着研修活动。从大家手头的课堂观察表不难发现，今天的集中展示课例都有着明确的研修指向。作为主题式校本研修活动，我们的观察表指向较为明确。如高语组的观察指向为：

1. 本课关于动作描写的教学重点确定是否合理？
2. 感受动作描写的表达效果，分几步细化推进？是否有效？
3. 尝试运用动作描写刻画人物形象分几步细化推进？是否有效？

4.根据本课语言特色，你会选取哪方面的教学内容？落实哪方面的语言训练？你会如何细化推进？

这四个观察视角，又分别在表格中进行了分类。我们的课后评课交流就将围绕这四个问题进行。在此也恳请各位研究员认真思考，将宝贵的智慧留在岳林小学，使这一张张观察表成为提升我们研修质量的力量之一。

多年研修经验告诉我们：切中要害，以一抵万——选对一个研修主题让教师轻松加入教学改革；脚踏实地，从小做起——明确研修内容会让每一次活动有序地充满激情；多方参与，大胆尝试——动用一切教学力量会使研修活动个性十足；践行理论，丰富经验——我们用一线教师亲身实践的优势告诉全世界我们才是教学行家。但是，越是走在阅读与表达的平衡点上，越觉得其内涵无限深奥；越是深入探讨这个话题，则越觉得其灵动如水优美如花。主题研修活动在扎实和灵动中有效展开，这才是我们的理想追求。但在具体实施过程中，我们的思考和行动可能会有所偏离或者模糊，这就需要敬爱的周老师以及各位老师给我们多留下宝贵意见和建议，以清晰有效推进下一轮的研修开展。

除了在实施过程中做到主动性，更重要的是要确保研修的实效性。在开展校本研修时，为了更全面的使研修活动更顺畅，更有协作性和系统性，我们可以通过量表来进行监控，这有利于全面、客观地评估课例式校本研修的效果，帮助教师了解自身在研修过程中的表现和提升空间，为后续的研修活动提供有益的参考。

| 序号 | 观察维度 | 观察内容 | 观察记录 |
| --- | --- | --- | --- |
| 1 | 教学目标 | 研修目标是否明确、具体，与教师专业发展需求相符 | |
| 2 | 教学内容 | 研修内容是否基于学校和教师的实际需求，是否具有针对性 | |

续表

| 序号 | 观察维度 | 观察内容 | 观察记录 |
|---|---|---|---|
| 3 | 教学过程 | （1）研修流程是否清晰，各环节衔接是否顺畅 | |
| | | （2）教师是否积极参与，互动是否充分 | |
| | | （3）研修方法是否多样，是否包含案例分析、小组讨论等 | |
| 4 | 教师表现 | （1）教师是否具备较高的专业素养和研修能力 | |
| | | （2）教师是否能有效引导学生参与研修，激发学生的学习兴趣 | |
| | | （3）教师是否能对研修过程中出现的问题进行及时、有效的处理 | |
| 5 | 学生（教师学员）表现 | （1）学生（教师学员）是否积极参与研修活动，态度是否认真 | |
| | | （2）学生（教师学员）是否能将研修内容与自身教学实践相结合，提出有针对性的问题 | |
| | | （3）学生（教师学员）是否能在研修过程中与同伴进行有效合作与交流 | |
| 6 | 研修资源 | （1）研修材料是否丰富、多样，是否满足研修需求 | |
| | | （2）是否充分利用了学校现有的教育资源，如图书、网络等 | |
| | | （3）是否邀请了校外专家或同行进行指导，提供宝贵建议 | |
| 7 | 研修效果 | （1）研修目标是否达成，教师是否在研修中有所提升 | |
| | | （2）研修成果是否能在教学实践中得到应用，产生积极影响 | |
| | | （3）研修活动是否促进了教师之间的交流与合作，形成了良好的研修氛围 | |

续表

| 序号 | 观察维度 | 观察内容 | 观察记录 |
|---|---|---|---|
| 8 | 反思与建议 | （1）研修过程中存在哪些亮点和不足 | |
| | | （2）针对本次研修，有哪些改进的建议和措施 | |

备注：

1. 观察者在每个观察维度和观察内容下，根据研修的实际情况进行记录。

2. 观察记录可以包括文字描述、数字统计、打分等多种形式。

3. 反思与建议部分，观察者需结合研修的整体情况进行总结和归纳，提出具有针对性的改进建议。

# 模 式 篇

# 第二章　课例式校本研修

课例式校本研修模式在多元化探索中脱颖而出，其深邃的内涵与显著的成效，构筑了教育革新的一道亮丽风景线。该模式精准对接教学实践，依托生动鲜活的课堂案例，通过精细化集体备课凝聚集体智慧，观课议课则如镜鉴般剖析教学细节，而行为反思则如同磨刀石，不断砥砺教师的教学技艺。这一模式深刻体现了"知行合一"的教育理念，使教师能在具体情境中学习、在问题导向下研究、在反思实践中成长，确保了研修的实效性与持续性。

在教学实践中，课例式校本研修模式展现出了强大的生命力。它不仅能够帮助教师更好地理解和应用教育理论，还能够通过集体研讨和反思，促进教师之间的专业交流与合作，从而形成一个良好的学习型组织。同时，该模式还强调教师在研修过程中的主体地位，鼓励教师主动思考、积极探索，不断提升自己的专业素养和教学能力。成果导向是该模式的另一大亮点。通过系统化的研修流程，教师能够生成一批高质量的教学案例与策略，这些宝贵资源在校内外的交流分享中，进一步放大了研修的辐射效应，推动了教育资源的优化配置。同时，课例式研修还促进了学校教学文化的重塑，营造出一种追求卓越、勇于探索的良好氛围，为学校的内涵式发展注入了不竭动力，是教育高质量发展征途中的坚实基石。

课例式校本研修模式以其独特的优势和实践成效，在促进教师专业发展、提升教学质量方面展现出了巨大的潜力。它不仅是一种有效的研修方式,更是一种推动学校内涵发展、实现教育高质量发展的重要路径。

## 第一节　课例式校本研修概述

"水本无华,相荡乃生涟漪;石孰有火,互击而闪灵光。"这一古老智慧恰如其分地揭示了课例式校本研修的深层价值。在这一研修模式中,教师不再是孤立无援的航行者,而是与学生、同伴共同编织知识海洋的织网者。通过课例这一具体而生动的载体,实现了深度对接、融合与升华,不仅深化了对教育本质的理解,也拓宽了教学的边界。课例式校本研修,为"以学定教"的教育理念提供了坚实的现实支撑。它鼓励教师走进学生,倾听他们的声音,理解他们的需求,从而精准把握教学目标,灵活调整教学内容与方法。

同时,课例式研修也是教师专业化发展的重要推手。它促使教师在教学实践中不断反思、总结与提升,将理论知识与实际操作紧密结合,形成独特的教学风格与智慧。在研修过程中,教师们相互学习、相互启发,共同构建了一个充满活力与创造力的教师共同体。

此外,课例式校本研修还强调了教师作为知识创造者与传播者的角色。教师们通过创新教研方式,将课例研究转化为丰富的教学资源与案例库,不仅为学生提供了多样化的学习材料,也为自身专业成长提供了源源不断的动力与资源。

### 一、课例式校本研修的内涵与特征

#### (一) 课例式校本研修的内涵

课例式校本研修是指通过以课例为载体创设教师研修情境,组建由导师和参加研修的教师组成的研修共同体,通过理论引领、名师指导、操作演练、问题诊断、自我反思、同伴互助、教学实践及教育行动研究等研修方式，从而引导教师更新教学理念，改善教师的教学经验和学生学习经验的综合过程，发展教师实践性知识，创造出色的、特色的教学。课例研修这一概念最早来源于日本，是日本中小学教师进行校内专业培训的重要手段，也被称为授业研究，一般分为两段，即聚焦问题的共同备课和检验问题是否获得解决的评课。[①]

值得关注的是，教师对于课例的内容并不是陌生的，但也不是简单地教课本知识于学生，而是在扎实的理论的指导下进行有目的、有方向、有计划的教学活动，不能凭借自身的知识经验，对课例的教学随意设计；而是要充分利用课堂、学生、同伴的帮助，以课例为载体，开展研修活动。

### （二）课例式校本研修的特征

随着课程改革的不断深入，新课程标准、新版教科书的制定对教师的教学和学生的学习提出了更为严格的要求。课例式校本研修模式旨在紧跟课程改革的步伐，让教师及时吸收新课标精神，学会使用新版教科书等，是让教师掌握新理念、新教材、新教法的一种重要研修模式。课例式校本研修是一种课堂行动研究，其出发点和归宿都是为了解决教学实践中所遇到的问题。[②] 这些问题常常具有普遍性，是大部分老师所面临的问题。在此基础上，课例研修更能满足教师的需求，更有利于激发教师的科研积极性，促使教师们主动投身于教学实践。不同的课例研究虽然在具体的操作环节上略有不同，但也表现出了一些共同的特点。

1.研修问题的针对性

课例研修所要解决的是在教师中普遍存在的难题，这些问题都很典型，具有一定的研究价值。首先，要从课程标准、教材、学情等方面入手，确立教学目标。这是一个重要的学习过程，也是教师获取知识和认知能力的

---

① 袁丽，胡艺曦.课例研究对促进教师专业发展的作用、不足与改进策略：基于文献的考察 [J]. 教师教育研究，2018，30（04）：99-104.

② 余文森. 校本教学研究的实践形式 [J]. 教育研究，2005（12）:25-31.

一个重要环节。以"课程标准"为基础的研究对象的有效性,为教师指明判断的准则,使教师从单纯的搜集中获得自由,学会整合和判断。其次,要对教学目标的实现进行检验,找出问题所在,并提出相应的对策。教师们按照各自的职责参加课程的学习,记录和整理资料,并提出相应的改进意见。最后,教师们通过研修课程,讨论促进发现,交流促进成长。

其实施步骤一般为研修小组组长组织教师讲课,对所选择的课程标准、教材的呈现、学情等进行分析;授课老师讲课,评课老师对教学目标、课堂反馈、教学设计等各个环节进行讨论;教师从课堂上的观察,从学生的视角,再到教室,对教学目标达成的效果进行分析和评价。这一过程既可以提高授课老师的表达能力,也可以锻炼评课老师的判断能力和评课能力。

2. 研修过程的持续性

在实践中,课例研修必须经过"设计课—实践课(观察课)—反思课",从而使问题得到有效的解决。有时候,经过数次的学习,新的问题也会出现,这就需要新的课例来加以解决。

## 三次课例实践[①]

一、第一次课例实践的尝试

(1)通过观察"土壤"实验,说出土壤的成分,增强科学的观察方法。

(2)通过音像资料和交流,了解土地荒漠化形成的原因以及危害,关注土地荒漠化问题。

(3)通过讨论与模拟"防治土地荒漠化"的方法,学会设计实验,并能体验治理土地荒漠化的过程,积极参与土地荒漠化的防治活动。

二、第二次课例实践的摸索

本课例的核心概念是土地与防治土地荒漠化,要求的知识与技能是知道土壤的主要成分(A),仅是知道了解的水平。虽然课标的要求只是短短

---

① 刘程,孙可平.有效贯彻课程标准的课例研修——以"土壤与土地荒漠化"教学为例[J].上海课程教学研究,2017(12):51-55.(内容有所改动).

的几行字，但凸显了本节课的核心知识与内容。围绕"本节课的核心概念是什么""需要学生掌握的知识是什么""本节课的重难点是什么"和"怎么做使学生掌握核心知识和核心素养"等问题，设计教学目标。第二次教学目标设计如下。

（1）通过观察"土壤"实验，初步学会利用仪器进行观察和检测，并说出土壤的成分，增强科学的观察方法。

（2）通过交流，了解土地荒漠化形成的原因以及危害，讨论并得出防治土地荒漠化的方法，关注土地荒漠化问题。

三、第三次课例实践的改进

根据课时分析表和课程标准，确立课程标准转化为教学目标的步骤如下：

（1）抓住核心观念，架构核心概念体系。列出本节课的核心概念，构建本节课的核心概念体系，并从中确定本节课的重难点。

（2）分析关键词，确定学习水平。从课程标准与核心观念中确定本节课的学习水平，并找出适合学生学习的行为动词。

（3）体现表现程度。根据学科核心能力各要素，在活动中明确各活动的核心能力所要表现的水平，以提升学生的核心能力和科学素养。

（4）分析行为条件和学生已有经验。根据以上分析，提供相应的实验设备。同时，分析学生学习这节课的经验，规整本节课的活动层次。经过调整，第三次教学目标设计如下：

（1）通过观察与检验土壤成分，知道土壤中有砂石、泥土、空气与水分。

（2）通过实验方案的讨论与资料的分析，知道土壤中有促进植物生长的物质：矿物质和有机质。

（3）收集资料并讨论：防治土地沙漠化可采取的措施。

在"三次课例实践"案例中，刘程和孙可平老师通过三次课例实践的不断改进和优化，逐渐明确了教学目标的设计思路和方法。他们首先从课程标准出发，抓住核心观念构建核心概念体系；其次分析关键词确定学习水平并寻找适合学生的行为动词；再次体现表现程度明确各活动的核心能力所要表现的水平；最后分析行为条件和学生已有经验提供相应的实验设备和规整活动层次。经过这样的深入剖析和反思过程，教师不仅能够更加深入地理解课程标准和学生需求，还能够更加精准地设计教学目标和教学方法，提高课堂教学效果。综合几次的教学，在研读课程标准的基础上，进一步反思教学活动，细化每一个要求，这个过程融入教师的思考，可见这个过程的持续性与反复性。在设计教学目标时，不仅要遵从课标要求，还要紧紧抓住教材的要求，使教材的内容成为教学目的，准确地发现问题和难点，从而使教学效果得到显著改善。通过不断地尝试、摸索和改进，教师能够将课程标准转化为具体的教学目标并通过教学实践促进学生的全面发展。同时该课例也为我们提供了一个宝贵的教学经验和启示，即在教学中要注重学生的主体地位，注重培养学生的自主学习能力和合作精神，不断提高自己的教学水平以适应时代的发展需要。

3. 研修问题的反思性

教学活动是认知性、技术性的实践；是人际性、社会性的实践；是道德性、伦理性的实践这三种侧面相互交错复合而成的活动[1]，具有复杂性、不确定性、不稳定性、独特性和价值冲突性等特点。[2]通过对教学实践的反复设计，对教学实践的思考，对教学中因教学实践而产生的问题、困惑展开研究。根据教学环境的不同，选择教学策略，处理教学内容和人际关系，了解各种可能性，并做出选择和判断，在错综复杂的教学环境中，运用艺术、非形式、质性或无法量化的策略，来解决问题。使得教师在教学中不仅要熟练应用教育原理，是技术的"技术熟练者"，更要在复杂的教学活动

---

[1] 钟启泉.教学实践与教师专业发展[J].全球教育展望，2007，36（10）：8-14.
[2] 陈向明.教育改革中"课例研究"的方法论探讨[J].基础教育，2011（02）：71-77.

中生成专业性认识和思考方式，而成为"反思性实践家"[①]。

## 二、课例式校本研修的技巧与作用

### （一）课例式校本研修的技巧

1. 校本问题的分析整理

在校本研修的深化过程中，对校本问题的综合梳理与精准定位是提升教学质量与教师专业发展的关键步骤。针对青年教师可能面临的问题简单化倾向，项目组需强化"教"与"学"的明确界分，通过理论引导与实践案例分析，帮助青年教师构建复杂问题解决的框架，促进其对教学本质的深度理解。同时，适时引入教育理论前沿，为青年教师提供坚实的理论支撑，引导其从经验型向研究型教师转变。对于拥有一定教学经验的教师，项目组应敏锐识别其在教学技术应用上的不足，通过教研组的技术支持体系，如定期举办技术工作坊、分享优质课例资源、建立在线交流平台等，促进教师间技术经验的交流与共享。这些措施旨在将先进的教学理念与实际操作紧密结合，助力教师实现教学技能与方法的迭代升级。

在问题筛选与分析阶段，项目组应秉持创新性与前瞻性的原则，将新思想、新理念融入问题探讨之中，力求挖掘出具有代表性、前瞻性和实践价值的教学问题。通过比较分析、归类整合等科学方法，对问题进行深度剖析，不仅关注问题的表象，更深入挖掘其背后的教育规律与本质。对于相似或关联度高的问题，采取合并或选择策略，以提高问题解决的效率与针对性。

此过程不仅是对教学问题的梳理与解决，更是对教师分析能力、批判性思维及持续学习能力的全面锻炼与提升。通过这一系列活动，教师能够更加敏锐地捕捉教学中的关键问题，更加科学地制定解决方案，从而推动学校整体教学质量的稳步提升与教师专业发展的持续深化。

---

① 钟启泉.教师研修的模式与体制[J].全球教育展望，2001，30（7）：4-11.

## 示范课——评课议课[①]

执教教师呈现了一堂精彩的词汇示范课。本课选自人教版选修六第三单元 A Healthy Life 的阅读部分。首先确立本堂课的教学目标。

Teaching Objectives:

1.pronounce the words, know the meaning of the words and expressions and use them properly.

2.master some learning methods of vocabulary.

① Context: be accustomed to, resolve, be addicted to, due to, quit, strength, strengthen

② Word Formation: adolescence, addictive, automatic, mental, effective, strength

③ Polysemy: tough, stress, desperate

3.raise students' awareness of health.

在具体教学过程中，通过对教材阅读材料的改编，执教教师设计了一系列具体语境，让学生在语境中理解和使用词汇，并掌握词汇学习三大策略：context（语境学习）、word formation（词性转换）和 polysemy（一词多义）。

整个教学活动环环相扣，通过"呈现—复现—操练—综合运用"方式层层递进，最后在 Reading 和 Discussion 中达到了词汇学习的有效输出，落实了英语学科核心素养。

课后，组织者（教研员）带领参会教师从多个维度对这堂课进行评议，启迪老师思考与反思。从"教学目标与教学内容"的维度看，教学目标可达成、可操作和可检测。围绕教学目标，执教教师创设了一系列具有综合性、关联性和实践性的英语学习活动，很好地实现了目标和内容的有机统

---

① 向红.实践场域中促进中小学教师专业发展的课例研究[J].高等继续教育学报，2022，35(05):70-74.

一。在"教学内容与学生活动"这个维度上,整个课堂自始至终贯穿了学生的词汇学习活动,由浅入深,内容丰富,形式多变,不同层次的学生都能积极主动参与。讨论环节形式新颖,学生灵活运用了所学词汇及表达方式,并用流利的口语表达,实现了语言的有效输出,把课堂氛围推向高潮。在"教学内容与话题语境"方面,执教教师在 A Healthy Life 这个大话题下,以 Smoking 作为切入点,通过图片引入激发学生的学习兴趣,提出现实社会问题——青少年吸烟,从而引出词汇所依托的语篇语境 A Letter from Grandpa。在话题语篇中通过环环相扣的教学活动实现本堂课三个词汇学习技巧之间的自然衔接和过渡。

2.课堂观察工具的开发

课堂观察作为课例研修的核心环节,不仅是教学质量评估的基石,更是推动教育创新、深化教学理解的关键途径。在传统教学科研框架下,课堂观察常受限于主观性强、系统性不足等问题,难以精准捕捉教学动态,有效促进教学研究的深化与教学质量的实质性提升。引入案例分析的方法论,特别是聚焦于教学观察工具的系统化开发,如精细化教案设计与多维度观察量表的应用,显得尤为重要。教案设计中融入学生的预期学习成果与教师预设的教学策略,不仅为教学实践提供了清晰蓝图,也为后续的课堂观察提供了参照坐标。通过实际课堂与预设方案的对比分析,能够敏锐地识别出教学互动中的偏差与不足,尤其是那些非预期的师生行为模式,进而为教学改进提供实证依据。

观察量表作为科学观察的辅助工具,其设计紧密围绕研究主题,确保观察者能够聚焦于特定教学现象或问题,有效过滤无关信息,使观察过程更加系统、客观。这一工具的应用,极大地提升了课堂观察的针对性和深度,为后续的教学反思、同行评议及策略优化提供了聚焦点。

通过课堂观察与案例分析的深度融合,我们不仅能够更加精准地把握教学现状,发现教学问题,还能够基于实证数据提出切实可行的改进建议,从而推动教学质量与教学研究的双重提升。这一模式不仅丰富了教学研究的理论与实践,更为教育教学的持续改进与创新发展提供了有力支撑。

## 制定合理的课堂评价量表[①]

学校提出课堂评价应遵循的原则为:坚持学科核心素养发展和能动深度学习导向,坚持"教学评一致性"策略,制定课堂评价参考标准,尤其关注学生"学什么""怎样学""参与度""达成度"等学习要素的考量,以此为依据进行课堂评价,发挥评价的导向、引领、促进作用,落实从"以教为主"向"以学为主"、从"知识为本"向"核心素养为本"教学的实质性转变。二是开发设计多维观课量表。基于课堂评价参考标准项目内容,以及科学合理、简便实用、易于操作的原则,学校开发设计了多维观课量表,量规具体包括:(1)学习目标制定的科学合理性问题;(2)学生自主学习的状态、效果问题,如学生个体回答问题次数,自学、独立思考的时间多少等;(3)小组合作学习的设计与实施问题,如同桌互动次数,4人组互动次数,4人角色分工意识及配合程度,讨论问题的深度和展示效果等;(4)教师的提问、理答小结及评价问题,如教师的精讲点拨、拓展提升、归纳小结的时机把握、时间、次数、课堂占比问题,课堂教学规范性组织引导用语问题,课堂嵌入式评价问题等;(5)学生的课堂活动参与度与达标度问题,如师生、生生有效互动次数和学习状态表现等,达标练习设计的梯度、题型、题量的合理性和学生当堂达标人数、比例情况等。

课堂观察工具的制定,为教师有效精细深度观课提供了"脚手架",解决了教师观课时"观什么?怎么观?观到什么程度?"的问题,避免了观课"大而空"和随意性的问题。有了多维观课量表,每次活动时教研组长可以让每名教师聚焦一到两个观察维度依据观课量表进行观察、记录和分析,实现多维度、立体化、深度化、精细化的专业观课。

---

[①] 董国平.基于教师专业发展的课例研讨校本教研探索[J].教师教育论坛,2021,34(10):66-68.

| 课程名称： | | 授课教师： | 授课班级： | |
|---|---|---|---|---|
| 观察教师： | | 日期： | | |
| 评价维度 | | 评价标准 | 权重 | 得分 |
| 学习目标制定的科学合理性（10%） | 目标明确性 | 目标是否清晰、具体，指向学科核心素养。 | 3 | |
| | 适切性 | 目标是否符合学生实际水平，能否促进全体学生发展。 | 3 | |
| | 全面性 | 是否涵盖知识、技能、情感态度价值观等多方面要求。 | 4 | |
| 学生自主学习的状态与效果（20%） | 个体回答问题次数 | 观察并记录学生个体主动回答问题的频率。 | 4 | |
| | 自学与独立思考时间 | 评估学生自主学习时间是否充足，思考质量如何。 | 6 | |
| | 学习效果 | 通过学生作业、课堂练习等评估自主学习成效。 | 10 | |
| 小组合作学习的设计与实施（25%） | 互动次数 | 记录同桌及4人小组互动的频率。 | 5 | |
| | 角色分工与配合 | 观察小组内成员角色分配是否合理，配合是否默契。 | 8 | |
| | 讨论深度与展示效果 | 评估讨论问题的价值深度及小组展示的成果质量。 | 12 | |
| 教师的提问、理答小结及评价（25%） | 精讲点拨 | 教师是否在学生困惑时精准点拨，时机把握得当。 | 6 | |
| | 拓展提升 | 是否有效拓展学习内容，提升思维层次。 | 5 | |
| | 归纳小结 | 课堂总结是否全面、精炼，有助于学生巩固新知。 | 6 | |
| | 课堂规范与引导 | 教学用语是否规范，组织引导是否有效。 | 4 | |
| | 嵌入式评价 | 是否适时、具体地给予学生反馈，促进学生反思。 | 4 | |

续表

| 课程名称： | | 授课教师： | | 授课班级： | |
|---|---|---|---|---|---|
| 观察教师： | | 日期： | | | |
| 评价维度 | | 评价标准 | | 权重 | 得分 |
| 学生课堂活动参与度与达标度（20%） | 有效互动次数 | 师生、生生互动是否积极有效。 | | 8 | |
| | 学习状态表现 | 观察学生的学习态度、注意力集中程度等。 | | 6 | |
| | 达标练习设计 | 练习梯度、题型、题量是否合理，能否有效检测学习目标达成情况。 | | 6 | |
| | 当堂达标情况 | 根据达标练习结果，记录达标人数及比例，可额外加分。 | | （加分项） | |

综合评价与建议

总体评价：_____

改进建议：_____

此课堂评价量表旨在全面、客观地评估课堂教学的质量，促进教师专业成长和学生核心素养的提升。通过观察记录和分析，帮助教师精准定位教学中的问题，不断优化教学策略，实现教学评一致性，推动从"以教为主"向"以学为主"的教学模式转变。

（二）课例式校本研修的作用

1. 促进教师深度反思

反思，作为教师专业发展中不可或缺的一环，其深远意义远超出日常教学经验的简单累积。美国心理学家波斯纳（G.J. Posner）的精辟公式"经验＋反思＝成长"，深刻揭示了反思在教师专业成长路径中的核心地位。他认为，如果一个老师只是单纯地获取经验，而没有对自己的经历进行深刻的反思，那么他将永远是一个初学者。① 这一观点不仅强调了经验积累的价值，更突出了对经验进行深度剖析与自我审视的必要性，因为缺乏反思的经验如同浮光掠影，难以转化为促进教师专业发展的实质性动力。反思是实现教育实践的有效途径，也是促进教师参与、促进学生专业发展的有效途径。华东师范大学教育学系的熊川武教授进一步阐释了反思性教学的内涵，他强调教学主体应成为积极的研究者，通过对教学实践的持续探索与自我批判，不断审视教学目标、内容、方法及效果的合理性，实现"教中学"与"学中教"的深度融合。② 这种教学模式不仅促进了教师个体知识的建构与更新，更推动了教学实践向更加科学、高效的方向发展。

反思性理论不仅为解决教育理论与实践脱节的问题提供了有力工具，更是契合了全球教师教育领域追求专业化、反思化的潮流。在我国新课程改革的大背景下，反思性教学尤为关键，它不仅能够激发教师的专业自觉，促进其从"经验型"向"反思型""研究型"教师的转变，还能有效提升学生的学习体验与成效，推动教育质量的全面提升。我们应当将反思视为教师专业成长的加速器，鼓励并支持教师将反思融入日常教学的每一个环节，通过不断地自我审视与调整，实现教学实践的持续优化与创新。唯有如此，我们方能在新时代的教育征途中，培养出更多具备深厚教育情怀、扎实专业功底及卓越教学能力的优秀教师，共同推动我国教育事业的繁荣发展。

2. 转变学生学习方式

课例式校本研修的核心旨归在于全面促进学生的成长与发展，旨在通过深化教学实践与研究的融合，不仅提升学生的学科学习能力，更着眼于其综合素养的塑造与增强。这一研修模式强调以学生为中心，致力于为学生铺设坚实的知识基础，同时构建和谐的合作氛围，为其终身学习奠定稳固的基石。在设计课例研修之初，教师需细致入微地审视并融入学生的学

---

① 刘岸英.反思型教师与教师专业发展：对反思发展教师专业功能的思考[J].教育科学，2003，19(4):40-42.

② 熊川武.反思性教学[M].上海：华东师范大学出版社，1999.

习过程与行为特征,力求设计出能够深度激发学生内在潜能的教学方案。这一过程不仅关注知识的传授,更重视如何引导学生将个人生命体验融入学习之中,鼓励他们自主探索、勇于表达,从而充分释放个人潜能,满足个性化发展需求。进入课例实施阶段,教师角色发生显著转变,从传统的知识传授者转变为学习的引导者与促进者。他们紧密聚焦于教学视角的转换,即由"教师如何教"向"学生如何学"的深刻转变,强调从学生的学习角度出发,细致观察与分析其课堂表现,包括学习行为、思维过程及情感反应等。基于这些观察与分析,教师能够精准识别教学中的瓶颈与亮点,进而优化教学策略,提升教学效能,同时引导学生形成更加高效、主动的学习模式,促进其学习能力的显著提升。

课例式校本研修不仅是对传统教学模式的革新,更是对教育本质的深刻洞察与实践。它要求教师具备高度的专业素养与创新能力,持续探索与反思的能力,以促进学生全面发展为目标,不断推动教学质量与效率的双重提升。

## 第二节 课例式校本研修实施

以皮亚杰的认知发展理论及斯滕伯格的智力三元论为基石,建构主义学习理论深刻阐述了知识获取的互动性与建构性。该理论认为,知识的获得并非孤立地发生于个体内部,而是学习者在特定情境下,借助教师、同伴乃至学习资源的辅助,通过主动的意义建构过程实现的。在这一框架下,理想的学习环境被构想为一个鼓励合作、促进交流的平台,其中学习者居于核心地位,享有自主探索与解决问题的权利与自由。课例式校本研修正是这一理念在教学实践中的生动体现。它超越了传统单向传授的局限,强调教育者需从"灌输者"转变为"引导者",激发教师自我反思与持续改进的动力,使教学行为成为一种基于实践反馈的自主优化过程。在此过程中,教师不仅传授知识，更引导学生学会学习，培养其对知识的内在渴望与追求。

在教学设计层面，建构主义强调知识的连贯性与情境性，因此，将已有知识融入新学内容，创设贴近学生生活经验的学习情境，成为提升教学效果的关键。通过设计挑战性任务，鼓励学生自主分析问题、提出假设并得出解决方案，不仅促进了知识的深度加工与内化，还显著增强了学习者的自我监控与自我学习能力，帮助其逐步构建起个性化的学习系统。

课例式校本研修不仅是对传统教学模式的革新，更是对建构主义学习理论深度实践的积极探索。它要求教师成为学习的促进者与伙伴，引导学生在真实情境中主动探索、积极建构，从而在提升教学效率的同时，为学生的终身学习与全面发展奠定坚实基础。

## 一、课例式校本研修实施原则

教师不能将课例式校本研修简单地理解为根据教学设计，一群人围绕教学设计进行磨课、评课，而是要依据国家政策，课程方案，课程标准学习进而设计教学内容，在课堂上进行教学，研修组讨论从而进行反思。而要做到这些，必须遵守"以课例为基础""有批判性反思精神""用理论作指导"等原则。

### （一）以课例为基础

课例是以学科教学内容为载体，围绕某一研修主题开展的教学实例。[①]课例式校本研修是以课例为载体的一种教学研究的活动。也就是说，课例要在校本研修活动中占据中心地位，它是教师学习、研讨、提高自身课堂教学能力的重要内容和工具。在课例式校本研修的框架下，教研活动的组织与实施需紧密围绕课例展开，使之成为连接理论与实践的桥梁。教研人

---

① 陈欣，郭春芳，林颖韬.促进实践性知识创生的教师研修方式探索[J].课程·教材·教法，2014，34(11):92-97.

员需发挥引领作用，明确研修目标，细化观察维度，引导教师们以批判性视角审视每一节课例，深入探讨教学设计、师生互动、教学反馈等关键环节，从而提炼出可复制、可推广的教学经验与方法。

在实施课例式校本研修中，教研人员要按照教研的目标和要求，指导参加教研活动的教师观察、讨论、研究各类不同情境的课堂案例，让参与教研活动的教师们不但可以从所接触到的大量案例中学习到相关的教学技巧，还可以通过同伴的学习来培养学生对课堂教学的正确认识，掌握课堂的知识和体验，从而提高课堂教学的能力。

### （二）有批判性反思精神

在课例式校本研修中，每位教师必须具有强烈的批判反省精神，并将其作为一种提升自身教学水平和促进自身成长的一种途径。在进行批判思考的同时，要充分认识到每个教学决策所带来的技术、道德、教育等诸多后果，认识到自己存在的问题和缺陷，从而增强教师的教学行为意识，改善教学实践活动。批判思考是指教师在教学案例执行之前，对教学决策或教学行为的设想进行思考，并就教学活动中的教学思想、智慧、影响因素等进行思考；对课堂教学中出现的问题进行批判式的思考，要对问题的成因、条件、症结进行深刻的分析，形成新的认识。

### （三）用理论作指导

教师的职业发展是其理论基础和动力来源。课例式校本研修是以课例为载体的教研活动，只有在教学科学理论的指导下，才能取得最佳的教学科研成果。因此，在课例式校本研修模式中，学校或教研组应充分发挥教学科学理论的保障功能，积极创造条件，为教师进行教学科学理论的学习和形成科学教学思想构建平台，促使教师不断掌握和丰富教学科学理论。例如，学校或教学科研机构可以通过各种有效的手段，使教师在一定的时限内完成一定的教学活动。如在每周、每月或每学期中，教师应按时参加学校组织的理论学习，并按要求精读一定数量的理论丛书，完成一定数量的学习笔记、读后感或反思文章；同时，学校还可以聘请高校专业的教授来为教师们做科学的理论课。在此基础上，通过对课例的分析，从教学科学的角度来理解和分析课堂教学中教师的教学行为，为学生的实际应用提供科学的理论依据，不仅能提高教师专业发展，更能促进学生的个性发展。

## 二、课例式校本研修实施流程

### （一）聚焦主体，组建研修共同体

在深化教育教学改革的背景下，课例研修作为提升教学质量与教师专业能力的重要途径，其研修组的组建显得尤为重要。一个高效、多元且紧密合作的研修共同体，能够为教师提供一个广阔的交流平台与成长空间。强调"精心构建"，即研修组的组建需经过深思熟虑与细致规划。我们不再局限于传统的学科或校际界限，而是鼓励跨学科的交流与碰撞，甚至跨越不同区域，将来自不同教研室、不同教学背景的教师汇聚一堂。这样的组合方式，能够激发新的教学灵感，促进教学方法与理念的相互借鉴与融合。

在成员构成上，我们特别注重"以核心人物为中心"。这些核心人物通常是具有丰富教学经验、深厚教育理论功底以及影响力大的教师或专家。他们不仅能够在研修活动中发挥引领作用，还能够激发其他成员的参与热情与创造力。围绕这些核心人物，我们汇聚了顶岗实习学生、在校研究生、青年教师、中年教师以及专家型教师等多层次、多类型的成员，形成了一个年龄结构合理、知识结构互补的研修团队。同时，我们还注重加强研修组内部的沟通与协调，确保每位成员都能够明确自己的职责与任务，积极参与研修活动，共同推动研修目标的实现。

在具体实施过程中，我们注重将研修活动与教学实践紧密结合。通过组织教学观摩、案例分析、教学反思等多样化的研修活动，引导教师深入探索教学规律，提升教学技能与素养。同时，我们还鼓励教师将研修成果转化为实际的教学行为，通过改进教学方法、优化教学设计等方式，提高课堂教学质量，促进学生的全面发展。

## （二）聚焦主题，确定课例

在课例式校本研修的实践中，课例作为教学探索的微观窗口，承载着教育理念的实践与反思。其选择并非随意而为，而是需经过精心策划与科学筛选，以确保研修活动的有效性与针对性。本书旨在探讨如何精准聚焦主题，科学确定课例，为课例式校本研修提供一套系统而有效的实施策略。

首先，明确聚焦主题是确定课例的前提。教师们需在日常教学中保持敏锐的洞察力，将遇到的问题进行梳理与归类，通过罗列问题清单、课堂观察、头脑风暴等方法，筛选出大家共同关注且最具研究价值的问题作为研修主题。这一过程不仅是对教学现状的深刻反思，也是对未来教学方向的积极探索。其次，围绕确定的研修主题，开展课例的梳理与选择工作。教师们需广泛搜集相关课例资源，通过深入分析教学内容、教学目标、教学方法等要素，找出能够充分体现研修主题精髓、具有代表性和挑战性的课例。在此过程中，应秉持整体把握教学课程的理念，归纳提炼教学内容的课程主线，并对不同版本的教科书进行横向比较，以把握单元结构的异同与呈现形式的多样性，从而更加准确地定位研修课例的价值与意义。

## （三）汇聚智慧，深化集体备课机制

在追求高效与创新的教育实践中，集体备课作为提升教学质量的关键环节，其重要性不言而喻。首先，教师们秉持严谨态度，深入研读课程标准与教科书精髓，确保教学方向准确无误；其次，通过多维度、多层次的学生学情分析，精准把握学生认知起点与学习需求，为"以学定教"的可动课堂模式奠定坚实基础。在此过程中，教师们不仅制作高质量的课件与学案，还巧妙融入信息技术手段，以增强教学的互动性与实效性。

进入教学研讨阶段，教师们围坐一堂，形成智慧碰撞的共同体。小组成员围绕核心素养的培育目标，细致剖析核心知识点与易混淆难点的教学策略，通过解构教学材料，重构知识体系，确保教学内容的深度与广度。同时，关注教室环境的优化布局，以促进学生主动学习与合作交流。在达标练习与作业设计上，力求层次分明、针对性强，既巩固新知又激发潜能。此外，资源优化也是讨论的重点，通过共享优质教育资源，拓宽学习渠道，丰富学习体验。最终，在充分吸纳集体智慧的基础上，授课教师进行二次备课，对教学设计进行精细化打磨。这一过程不仅是对初次备课的升华，更是教师个人教学风格与集体智慧的完美融合。经过反复推敲与修改，形成的课例教学设计趋于完善，既体现了先进的教学理念，又确保了教学实践的可行性与有效性，为构建高效、智慧、生动的课堂提供了有力支撑。

（四）聚焦课堂，集体观课

课堂观摩是课例学习的一个重要环节，在教学实践中，学校着重发展了"课堂评估参照标准"和"多元视角"。具体来说，首先要明确课堂评估的基准。随着以核心素养为导向的课改形势的深入和"以学为主"课堂改革的推进，需要对课堂教学评估的标准进行相应的调整和完善。为此，学校提出了在课堂评价中应该遵循的基本原则，即：坚持培养学科核心素养；积极主动的深度学习导向；"教学评价一致性"战略；制定课堂评价的参考标准。特别注重学习因素如"学什么""怎样学""参与度""达成度"，并以此作为评价的导向强调过程性评价，真正实现从"以教为主"到"以学为主"，由"知识为本"向"以核心素养为中心"的教学的本质变革。另外，依据教学评估的基准项目内容，科学合理、简单实用、易于操作的原则，开发和设计多维观课量表。

值得注意的是，多维观课量表可在每次活动时，让每位教师根据观课量表，从一个或两个不同的视角，进行观察、记录和分析，实现多维、立体、深度、精细化的专业观课。

（五）聚焦对话，评课议课

好的课例研讨，既要有高质量的备课加工、课堂观察，还要有务实有效的评课议课。观课老师要充分利用"观课量表"的功能，尽量用数据、实例和课堂记录来说明问题，确保教学的针对性和专业性。在学校的课例评课中，观课老师可以根据自己的专业知识，发表观点和看法。一人发言后，另一方将就具体问题进行现场讨论，再发表自己的观点与看法，并在交流中做到民主开放、思想碰撞、观念交锋、百家争鸣。① 在会议的最后，由各专业的教学科研组长和学校领导进行评价和总结。此外，学校将在全校范围内组织展示研讨课例活动和深度专题性课例研讨，邀请市、区教研员或外校名师到校指导，确保课例研讨的专业性，推动教师对课例有更深度的思考和认识。

### 三、课例式校本研修实施价值

课例式校本研修的目的在于发现和解决课堂中存在的问题与不足，教师们可以通过交流、思考、反思、改进等方式，不断地优化课堂教学，提高教师的教学能力。

#### （一）有助于教师专业发展，提高教学专业能力

许多调查和研究表明：促进教师的专业成长，最有效的活动方式是进行课例研究。② 教学课例的研究对增强中小学教师发现问题、分析问题、解决问题的能力具有重要的意义。首先，提高了中小学教师的课堂教学水平，也提供了良好的教学设计思想，为教师的自主教学设计和提高教学质量提供了参考。其次，对提高中小学师资队伍建设和管理水平具有重要意义。课堂组织与管理能力是影响课堂教学顺利进行的关键。通过案例分析，一方面可以促进教师与学生的交流，发现课堂教学中存在的问题；另一方面，教师在教研互评中深刻体会到了教学评估的重要作用。另外，通过持续的教学讨论，促进教师教学反思，逐渐增强教师的科研意识。

---

① 董国平.基于教师专业发展的课例研讨校本教研探索[J].教师教育论坛，2021，34(10):66-68.

② 朱郁华.课例研究：促进教师专业成长的有效方式[J].河南教育(基教版)，2009(12):28.

## （二）有利于教师学习共同体的形成，促进教师成长

学习共同体是由学习者和助学者构成的。以完成共同的学习任务为载体，以促进成员全面成长为目的，通过人际沟通、交流和分享各种学习资源而相互影响、相互促进的学习团体。① 以合作研究为基础的课堂教学模式，有助于教师通过合作学习来提升教学科研水平。首先，通过课堂案例的学习，可以改变教师零散、单一的学习环境，促进教师之间的深入讨论和交流；其次，通过对教学案例的分析，可以实现教学资源共享、教学理念共享、教学方法创新等方面的协同创新。从教学设计、教材到课程开发，教师们不再是单打独斗，而是团结起来，共同提升教学水平。最后，研究课例有助于改变一些教师不爱读书、不爱研究的困境，促进教师的学习研究。另外，在课例研究中，不仅是个体教师成为教学研究的专家，教师群体亦超越学科、超越教室、超越学校成为当之无愧的教学研究共同体。②

# 第三节　课例式校本研修关键

课例式校本研修在于引导教师以课例为载体进行教研，有助于教师自主能力和创新精神的培养，实现教师专业发展的提升。不过，由于受到学生个体差异，教学环境和教师专业能力的影响，并不是所有的教师都能够很好地运用这样的校本教研方式，在实际实施中存在或多或少的误区与问题，需要教师们格外注意。

## 一、应避免多元研究方式、主体的缺失

多元研究方式与研究主体的缺失，严重制约了教学案例研究的效果，

---

① 伏荣超. 学习共同体理论及其对教育的启示[J]. 教育探索，2010（07）：6-8.
② 安桂清. 课例研究的意蕴和价值[J]. 全球教育展望，2008（07）：15-19.

亟须通过丰富的研究手段与拓宽参与渠道来加以改善。多元的研究方式和研究主体的缺失，是指教师在实施课堂研究时，研究方法简单，主体参与的种类较少，且呈现出一种单一化的特征。其主要体现在学校的听课和评课活动中，大部分教师都很少参加外出听讲。另外，研究对象的参与方式较少，研究对象比较单一，以学校教研室为主，大部分老师只是教研员。此外，由于经费不足、资源匮乏等原因，学校很难请到高校的专业理论研究者进行教学，而地方教研员在中小学课堂教学中经常处于缺位状态。研究方法单一、研究主体单一，影响了教学案例研究的效果。

正如一位骨干教师指出的可视化反馈报告的不足之处：分析报告基本上是能够正确反映的，但是对于其他的课，偶尔也可能会出现不太准确的现象。例如，我执教的《纸船与风筝》一课，报告中提到评价反馈不及时，但是，因为我主要设计的是学生之间互评互改，所以，这个时候报告中的结果跟我设计的课型不一致，就容易出现分析不准确的现象。就像咱们去医院看病，做各种身体检查的诊断，整体上的综合诊断是比较客观的，也有可能出现一个不太准的指标。为解决此问题，后续研究需要选择不同学科的观察记录、完善学科教学知识库与优化分析算法，进一步提高系统准确度。[①]

这表明，多元化在课例式校本教研中占据重要地位。教学方式的多元化、教学评价的多元化等，这些都要把握一定的分寸和尺度，根据学生学情制定。

## 二、需告别"独白"，走向集体

从课例的可操作性角度来看，每一个教学环节都十分重视合作，例如合作设计教案、课堂观察时分工明确、课后集体思考。只有这样，课堂上的案例研究才能得以顺利地进行，并真正地解决课堂上的实际问题。目

---

① 王阿习，余胜泉，陈玲.数据驱动的课堂观察活动多元分析与改进研究[J].中国电化教育，2022(02):106-113+121.

前,我国的校本教学研究,看似并非个体独立进行,但教师的备注主要还是基于个人备课的基础上。与个人备课的教案相比,学科组集体备课的教案,教案内容没有发生显著的变化。这说明,集体备课没有超越个人认识水平。①在听课、评课的过程中,教师们常常在进入教室之前没有进行沟通,这会造成课堂观察的效率低下,不知该如何观察和记录。这表明,教师与教师的实际合作还没有进行。

比如,三年级语文教研组长是一位非常喜欢思考的教师,她敏锐地觉察到,三年级学生由"写话"过渡到"习作"存在着很多问题,因此,在研修需求的调研中,她直接围绕习作研究设计问卷来收集教师们的问题和困惑。不可否认,这个研究主题是有价值的,但是从被确定的方式上来看,主要是由组长的个人意志决定的。在教研组长交流会上,该组长坦言:三年级组共有四位语文教师,其中一位是刚刚毕业的大学生,还有一位教师家庭负担较重,因此,课例研究一开始,她就尽可能自己全包全揽,以减轻大家的负担,与组内教师沟通较少;但是随着指导教师的跟进,她逐渐意识到个人全权承担是行不通的,这才开始尝试分工合作、集体决策的组织方式。②

教师合作是教师专业发展的重要向度,教师的专业发展离不开教师间的合作。③因此,研修组的办公室可以一改以往整齐的办公环境,集中同科教师,以"U"型会议室模式进行办公,有利于整体的形成,从而更加利于教学研讨与资源共享;另外,教师们在走向"一体"的过程中合作、交流、分享、互相学习、加强思考、思想碰撞,把个体的优势和集体的智慧结合起来。

---

① 胡定荣,黄晓青,徐昌."课例研究"如何取得实效:对七位初中教师"课例研究"经历的反思 [J]. 中国教育学刊,2010(10):66-69.
② 陈晓波.课例研究主题的寻找,甄选与澄清:以"CARE伙伴式"校本研修语文课例研究为例 [J]. 中小学管理,2013(06):10-12.
③ 崔允漷,郑东辉.论指向专业发展的教师合作 [J]. 教育研究,2008(06):78-83.

课例式校本教研活动并非一种新创的活动种类,而是一种有针对性、能满足教师发展需要的教研活动。为了让校本教研能够真正地发挥作用,为学校教学服务,校本教研需确立问题意识、提升思考能力、培养阅读习惯,打造学习共同体,汇集众人智慧,让教师在听中学习新理念、新方法,在学习中逐渐改变旧有思维习惯与模式。

# 第三章　主题式校本研修模式

主题式校本研修模式，是围绕特定教学主题或教育问题，组织教师开展的有针对性、合作性的研修活动。这一模式的核心在于"主题"的选择与设计，它直接关联到学校的教学实际需求、教师的专业发展瓶颈以及学生的成长需求，确保了研修活动的针对性和实效性。相较于泛泛而谈的研修方式，主题式校本研修更能够聚焦问题，引导教师深入探究，从而实现教学理念与行为的真实变革。

在教学实践中，主题式校本研修展现出了强大的生命力。首先，它促进了教师间的合作与交流。围绕共同的主题，不同学科、不同背景的教师能够跨越界限，共享资源，协同解决问题，这种跨学科、跨年级的合作极大地丰富了研修的深度与广度。其次，该模式强调实践与反思的结合。通过教学设计、课堂观摩、案例分析等环节，教师能够在实践中不断试错、反思、调整，将理论学习与教学实践紧密结合，加速专业成长。最后，主题式研修还注重成果的转化与应用。研修过程中形成的优秀教案、教学策略、教学资源等，可直接应用于日常教学，有效提升教学质量，惠及更多学生。

尤为重要的是，主题式校本研修模式鼓励教师成为研究者，将教学与研究融为一体，不仅提升了教师的专业素养，也培养了其科研能力，为教师的持续发展奠定了坚实的基础。它不仅是当前教育改革背景下校本研修的有效路径，更是推动学校内涵发展、实现教育高质量发展的关键一环。因此，深入探索并推广这一主题式研修模式，对于构建适应新时代要求的教育体系，培养更多高素质、专业化的教师队伍具有重要意义。

## 第一节 主题式校本研修概述

在当今教育改革的浪潮中,校本研修作为一种将教师专业发展权力根植于学校的理念,日益凸显其重要性。它深刻体现了以学校为核心,聚焦于一线教师在实际教学情境中遇到的问题与挑战,旨在通过持续的研修活动,直接提升学校教育教学质量。校本研修,这一术语不仅是对传统教师培训模式未充分融入学校实践情境的反思,更是对教师专业发展路径的一次深刻重构。传统的教师教育培训,若过分偏重理论知识的灌输或脱离教学实际的研究,往往难以有效转化为教师的教育实践能力,进而抑制了教师参与培训的积极性、能动性与创造性。因此,主题式校本研修模式应运而生,它精准对接教师教育教学中的实际问题,通过设定明确且富有针对性的研修主题,引导教师在实践中学习、反思与改进,从而有效促进教师专业素养的提升和学校整体教学质量的提高。作为校本研修领域的一个新兴且充满活力的模式,主题式校本研修不仅丰富了教师教育的理论体系,更为教育实践提供了宝贵的指导与借鉴。

### 一、主题式校本研修的内涵与特点

#### (一)主题式校本研修的内涵

主题式校本研修是指教师立足学校情况,在研修前从教育教学实践工作中产生的实际问题着眼和从自我专业发展需求出发,提炼出突出的、具有一定普遍性、难以解决以及不好把握的问题,把这些微小但实际中产生的问题作为教师研修的主题,然后围绕鲜明、预设的"问题即主题"来形成教师学习共同体进行自主合作和交流,从而让我们的一线教师以学校和课堂为主要实践阵地,进行问题导向的一种培养培训模式,提高一线教师的专业发展水平和自我研修能力。

它与传统意义上的教师培养培训不同,其目的不在于补充教师相关本位性知识或条件性知识，既理论知识为主的培养培训使教师获得前沿、先进的教育理论知识因而顺利无障碍地应用到自身的教育教学实践活动中，同时教师自己的行为也会得到预期地改变。而主题式校本研修侧重的是在具体的教育情境中解决教师遇到的实际困难和问题，以此对教师日常零散、不成体系的教学经验进行总结和反思，同时提升教师的实践性知识。随着社会发展，教师在学校、课堂实践工作中面对的诸多问题，不仅仅需要解决自己专业、学科内的问题，还需要应对来自专业成长的职业瓶颈、倦怠等问题，也需要应对新时代与家长的人际交往关系和学生相处的班级管理问题等一系列挑战。而主题式校本研修需要教师寻找存在自身教学中诸多的突出问题，通过对突出问题的搜集、提炼和筛选来解决大家共性的困惑或难题，以此提高自身解决实际问题的能力。开展主题式校本研修的意义不仅在于能让一线教师自发地将前沿的教育教学专业理论知识与自身实践中面对的困难与问题相结合，主动地参与以学科为中心的教研工作任务和积极承担能促进学校发展的工作，有助于提升教师专业发展水平及科研素养。

### （二）主题式校本研修的特点

1. 针对性

针对性是主题式校本研修的重要特点之一。主题式校本研修需要教师研修的主题不是随意确定的，需要教师在教育教学活动中针对明显突出的、具有一般性的问题进行提炼升华总结，问题的确定是针对研修学校的实际情况、课改的方向、教学的规律以及教师队伍现状的需要，因而具有针对性。然而，研修主题的确定存在一些问题，一方面是学校在找本校教师队伍中存在的问题时，对一线教师队伍没有深入通过座谈会了解、发放调查问卷《校本培训需求调查表》等形式去调研，并未找到教师专业发展中存在的那些最迫切、但又无法通过个人力量解决的共性问题。另外一方面是教师个人从发现教育不良现象到找到众多不良现象背后的实质问题的教研能力不足，导致研修主题的针对性低，即教师们日常工作中会遇到各式各样复杂的问题，但不能很好地精准发现对能促进其专业发展的研修问题，也就无法做教学问题的发现者、研究者以及解决者。主题式校本研修主张在教师实际工作环境中选择适切的研修主题，让教师在校本化实践中解决实际问题，通过现场对问题的观察、发现、解决以及反思达到提高自身解决实际问题的能力。

例如，为了做好今年我校教师的培训工作，学校在开学初对培训情况进行了调研，根据我校实际，确定2013年中小学教师培训方式上围绕"六个字（长、短、粗、细、硬、软）"做文章：即在培训时间上学时有长有短，既确保重点培养对象有足够学习时间，又不误全体培训整体学习（学科带头人、骨干教师对象集中培训至少25天，普通教师集中培训至少12天）；在课程设置上有粗有细，为突出培训效果，既有必修课（如学习全国、区、市教育工作会议，《国家中长期教育发展规划纲要》），又有根据不同学科教师设置的不同培训内容。在组织形式上有硬有软，既有规定动作（统一参加培训），又有自选动作（在规定时间内自修）。通过如此细致的调查研究，有的放矢，满足了不同层次的教师提升个人教学业务水平的需求，为下一步安排培训做好充分准备。[①]

主题式校本研修强调教师培养培训主题的针对性，教师应该针对实际出现的某个问题实实在在解决。教研成果来自实践中突出的问题，教研能力正是在解决问题中形成的。学校在教师教育中应尽可能提高校本研修的针对性，使教师通过主题式研修方式把主题研究和教学实践结合，让不同层次教师的自身发展需求得到满足，最后提高教师的参与面。

2. 行动性

教师是学校发展的推动者，更是推动新课程改革的行动者，主题式校

---

① 莫江山.如何提高农村学校校本培训的针对性和实效性[J].小学教学参考，2013(36):94.

本研修的研究者。然而，传统教师的职后培训过于重视教育理论的补充，而忽视了教育实践中的行动性。在传统教师教育体系中，高校和教师培训机构是教师培养培训的主导者，学校只是旁观者。在这个过程中，学校和教师缺少教师继续教育的自主权。随着21世纪初我国教育管理体制的改革，高校和教师培养培训机构主导的培训模式受到一定的批判，学校为本的教师研修模式受到教师们的欢迎。主题式校本研修尊重学校和教师在教学实践中的重要地位，尊重其校本研修的行动性。因此，主题式校本研修重视教师原有的实践经验和多样性发展需要，关注教师现实工作情境中存在的教学管理、人际交往、专业发展等各方面迫切需要解决的问题，让教师将教育教学专业理论、学科知识与教育实践相结合，学会在教育实践情境中解决问题的能力。在主题式校本研修中，每个教师面对的问题都不同，学校要对教师发展需求和存在的突出问题进行充分调研后，筛选行动研究的突出共性问题，让教师们在研修行动时着眼于实际，开展有一定深度的主题式校本研修活动，发挥教师的行动性，真正地成为校本研修的行动者。

例如，主题式校本研修以课例为载体，一是研究课例，发现问题。认真分析常态课堂中存在的问题，通过分析——综合——分析，确定研修"专题"。二是通过课例，解决问题。运用同课异构、一课二上等形式研究解决具体问题（专题研修）。在具体操作上，就是以教研组（或课题组）为单位，围绕"组"内的共性问题开展听评课活动，听课教师只关注与自己研究相关的问题（也可称作"观测点"）。三是形成课例，展示交流。通过课堂教学竞赛遴选优质课，录制教学光盘，撰写教学课例（有效的教学设计、完整的教学过程和科学的课后反思），形成研修成果。[1]

学校将校本研修的过程变成了教师对问题实践操作的研究过程。在落实行动计划时，教师在课堂中增强问题意识和行动能力。在研修活动过程中，教师直接面对课堂中的真问题，解决了教学实践中困扰教师个人的个

---

[1] 易安定. 主题式校本研修的探索 [J]. 教学与管理，2015(22):33-35.

性问题和教师队伍中的共性问题，体现了研修行动性的作用。

3. 主动性

主题式校本研修是一种激发教师积极主动研修的意识和潜能的教师继续教育模式，激发了教师参与主题研修的主动性。它所关注的不仅是教师经由主题研修后而拥有多少研究成果和研究技能，更在于教师以后遇到教育教学问题时，潜意识里具有解决问题的积极性和主动性，而不是对问题的视而不见或是逃避。在过往的校本研修中，研修过程被认为是教研组的研究任务，教师的培养培训多是自上而下的模式，多数是脱离教师实际生活的经验总结和某类主题的教研活动，却忽视教师在校本研修的角色应是主角，发挥其主观能动性。教师参与校本研修时，如果没有激发其主动性，那么被动参与校本研修活动中，最后的效果也会不尽如人意；如果教师在校本研修的过程中理解了主题式校本研修的内涵和意义，那么他们将具有积极主动的心态和较强的内驱力，最后的效果不言而喻。校本研修应该基于教师的主动性而开展，主题式校本研修正是通过激发教师的内驱动力，让其在研修中结合实际发展需要，在落实主题研修活动中调动热情。由于教师在研修过程中对研修主题、研修内容和研修方式的决定都有一定的自主权，从而作为研修活动的主力军，在以后的研修活动中就会提高研修活动的参与度。

例如，活动前5分钟现场随机抽取上课展示人；集体观摩主题活动的教学课例；分备课组进行评课交流；现场随机抽取中心发言人；中心发言人做中心点评；全员现场即兴补充评课互动交流；评议团按一定的评分标准对本次活动的主持人、教学课例展示人、中心发言人以及参与互动交流者进行评价和量化评分；现场抽取下一次活动的备课组及活动主持人，相应备课组组长对主题进行阐述；活动结束后，主持人在校园网站"全员动态"版块中上传主题帖,其余教师跟帖继续参与深度交流。①

在主题式校本研修中,学校要注重调动教师们积极参加校本研修的实践主动性,组织不同年龄段、教龄段以及不同层次的教师差异化研修活动,让教师们在多元化的研修氛围中发展,从而让教师的专业素养在积极主动参与的研修活动中得到提升。

4. 实效性

实施效果是主题式校本研修的关键。主题式校本研修模式的出现是以问题为驱动,为解决学校研修活动开展随意性,使其更加具有连续性和持久性,为提高学校研修实际效果更高效而出现的一种新模式。主题式校本研修的效果经常是希望聚焦教育教学中出现突出的问题从而归类总结为主题,通过制订整体详细的、逻辑联系紧密的以及目标明确的研修计划和行动方案,按照步骤落实方案。正是因为主题式校本研修的实效性,学校在进行系列化的主题式研修活动时,不仅学校的教育教学质量得到提高,一线教师的专业发展水平也得到有效提升。马斯洛需要层次理论提出的尊重的需要、自我实现的需要的较高层次的需要,对于工作和工作本身而言,它们会调动人们很大的热情和积极性,激励因素能使人们有更好的工作效果。②教师群体在主题式校本研修活动中如果没有收获过实践转化的研修成果或是研修效果不佳,其作为研修活动实践主体的积极性和热情就会减低,否则就违背了人"趋利避害"的本性。因此,主题式校本研修需要学校在开展研修活动时,注重要求教师明确研修活动的作用和意义,并构建有效、可持续以及融合教学实践的研修活动设计方案,保证研修活动的有效性。

例如,研修采取混合式研修方式。研修活动分"集中研修""坊间研修""集中展示"三个阶段。

---

① 刘万能,郭晓梅.创新校本教研模式 促进教师专业成长[J].小学教学研究,2018(26):9-10.

② 罗景凡.新时期"马斯洛需要层次理论"在教师激励中的运用[J].教书育人,2012(16):32-33.

（1）第一阶段：集中研修阶段，连续三个单元（3个半天）课程

第一单元：课例改进的研讨与交流，即观课、磨课、研课。由参加培训的教师上一堂"样品"课例，研修教师在观课的基础上分组围绕研修主题对"样品"课进行研讨——磨课、研课，为"样品"课提出改进意见，执教教师吸取意见改进设计，准备第二次上课。

第二单元：课例改进与课例差异的分析与研讨，即第一次上课的教师再上第二次课（同一教师上同一课题），同时选送骨干教师的示范课，研修教师分析、研讨，专家点评。研修教师围绕研修主题分组研讨包括两个方面的内容：一是就改进课例进行前后对比研讨，二是就改进课与示范课进行差异分析。研讨后，各小组提炼归纳形成自己的课例分析报告。

第三单元："主题式"微讲座与研讨。设置"思想品德课教学中活动设计的价值与策略""基于教研组的校本研修策略"两个讲座，各小组围绕主题，就小组的课例分析报告与讲座中的理论学习成果进行研讨，进一步提炼小组研修的理论成果。

（2）第二阶段：教学实践与"坊间研修"阶段，约2个月学习研讨课程

教师将第一阶段的学习成果运用于教学实践，改进教学。同时，借助中心网络平台，开展为期两个月的"坊间研修"。培训团队建立送课送培研修共同体网络研修社区，基于需求分设好坊研修小组；提供2—4堂现场视频课例，提炼若干个研讨话题。在坊主组织下开展2—3次集中研讨。这一阶段研修结束后，研修教师完成一个完整的课例和研修报告。

（3）第三阶段：集中展示阶段，一个单元（半天）课程

对研修教师提交的课例进行评判，选出一至两个优秀课例进行展示，同时要求该研修教师对课例中活动设计进行解读，以深化理解该优秀课例的价值。①

---

① 唐良平，宋素珍.聚焦主题的"四构三研"课例研修的实践研究：以Y区思想品德课教师活动设计价值与策略主题式研修为例[J].中小学教师培训，2017(03):20-24.

在主题式校本研修中，学校通过务实、鲜明的主题，开展常态化、规范化的研修活动，从而让教师的研修有效地落实。

5. 合作性

主题式校本研修注重教师群体之间的合作交流，注重教师群体学习共同体的建立。因为合作交流能避免教师个体闭门造车、孤立无援的研修状态，可以让教师群体围绕共同的主题群策群力，共同发展。主题式校本研修是一种需要教师群体互相协作的活动，是促进教师真正协作发展的研修方式。主题式校本研修不但要通过教师与同伴间协商和共同交流碰撞得出研修的主题，还要学科教师结合确定的主题通过共同说课、备课、研讨以及改课等形式将问题放在实践中优化解决。主题式校本研修要改变从过去教师们教研工作单兵作战走向共同发展，让一线教师与同伴、教研员以及学科专家等在合作中用不同视角互相交流对话、平等切磋、思维碰撞联合研修，从学习共同体中解决课堂教育教学的专业问题，增强参与学校本位研修的教师群体的团队合作能力与意识，并在同伴互助之间形成一种学校凝聚力。

例如，经过两年的主题式校本教研活动，我们在学校提供的原有的模式上，根据体育组特点——教师人数比较少，教师教研能力比较弱的实际情况，总结形成了适合本组校本教研的模式——体育组主题式校本教研模式：集体讨论确定主题－理论学习－集体探讨－行动实践－反思修改（专家指导）——再次实践（专家指导）——总结反思。

确定主题：运用问卷调查的方法，得到日常教学中大家比较集中遇到的困惑和问题来作为进行校本教研的主题。

理论学习：分配老师进行资料的收集，由老师主持进行统一的、针对主题的理论学习，有针对性地发展教师的理论水平。

集体探讨：全组教师集体讨论课堂的设计、观察量表的设计和分配教师的活动分工。

行动实践：实施教学并进行集体的听课评课。

反思修改：集体反思做过的系列活动，并请专家进行点评和指导，通过反思，以确定第二阶段的教研思路，提高教研活动的整体质量。

再次实践：在专家的指导下重复理论学习、集体探讨、行动实践。

总结反思：由每位老师以教学反思、论文、案例等形式呈现出来。

主题式校本研修的合作性能为学习共同体构建成员协作发展平台，让教师们在共同研修目标中，根据共同的主题和研修内容开展不同形式的合作活动，解决实际中的共性难题。

### （三）主题式校本研修与课例式校本研修的异同

1. 相同点

（1）目标一致。两者都是为了提升教师的教学能力和专业素养，促进教师的专业成长，进而提高教学质量。

（2）均为实践导向。两者都强调以实际教学案例或问题为基础，通过分析和讨论，提出解决方案，注重实践性和可操作性。

（3）均以教师为主体。两者都突出教师的主体地位，鼓励教师积极参与、主动反思和合作交流。

2. 不同点

（1）研修内容不同。主题式校本研修通常围绕学校教育教学中的某个核心问题或主题展开，这些问题可能涉及教学理念、教学方法、课程开发、班级管理等方面。研修内容具有全局性和普遍性，旨在解决学校教育教学中的共性问题；课例式校本研修则以具体的学科教学课例为载体，聚焦于某一学科或某一节课的教学实践。研修内容更加具体和细致，旨在通过课例的分析和研讨来提升教师的教学技能和教学效果。

（2）研修方式不同。主题式校本研修则可能包括专家讲座、集体备课、教学观摩、经验交流等多种形式，以全面深入地研究和解决主题问题；课例式校本研修的周期相对较短，通常针对某一课例或问题进行短期的研修和改进。

（3）研修周期不同。主题式校本研修的周期相对较长，可能需要持续几个月甚至几年的时间来深入研究和解决某一主题问题，研修活动可能会分阶段进行，每个阶段都有明确的目标和任务；课例式校本研修的周期则相对较短，研修活动可能更加灵活和即时，通常针对某一课例或问题进行短期的研修和改进。

（4）研修重点不同。主题式校本研修更注重对学校教育教学宏观问题的系统研究和解决，通常从提升教师的教育教学理念和教学方法的层面出发；课例式校本研修更注重对具体教学案例的微观分析和改进，通常从优化教学设计、改进教学方法的层面出发。

## 二、主题式校本研修的技巧与作用

选择主题式校本研修方式，可以避免过去教师进修的低效，有利于教师结合自身教育实践，激发教师个人参与研修的积极性，为教师专业的发展和成长提供有力支撑，更有助于提高教师共同解决问题的效能感。

主题确定要有针对性、可操作性、主体性，将主题确定与教师的学科教育教学相联系，强化教师的主体地位，从而聚焦课堂教学的有效问题。唯有如此，主题式校本研修才能实现学生、教师以及学校共同发展，才能保证校本研修的深度。

### （一）主题式校本研修的技巧

1. 问题导向，确定主题

在选择主题时，要以解决现实问题为导向，并要有顶层设计的意识，把制约学校教育和整体发展的问题放在第一位，给学校改革发展提供动力，使学校新课程改革更有效地实施，加快促进教师专业发展的步伐。教师可以按照教育教学实践自主确定研修的主题，从而研修主题的确定是来自教师们的需求，并且吸引和凝聚一线教师们更深入地投入研修实践中，发挥其研修的自主性和内驱力。这个主题可以是教师自主确定的问题，也可以是通过课堂诊断或某种方式由教研员或专家共同梳理分析得到的问题。

2. 课堂实践，协作研讨

聚焦到教师的实际工作和重要任务，提高教师的课堂教学研究能力，不能脱离课堂实践，在针对教师的发展和成长问题上立足和深入一线教学中，引导教师在课堂中通过实践进行教学行为的改进，让教师们的实践指向学生课堂学习的改善，使教师们的教学问题都得到来自课堂实践有效的解决。

可以将课堂实践分为课前协作、课中观察和课后研讨。课前协作是教师们共同把真实待解决的问题筛选提炼后作为研修主题，确定参与研修活动每位的任务，课中观察是课堂实践者对研修主题的授课，其他观察者带着任务和研修主题进行教学记录和反思，课后研讨侧重发挥教师群体同伴互助的优势，让教师们通过课堂实践转变思维方式和理念碰撞，促进其研修工作有层次地推进。

例如，执教教师在教研组集体备课的基础上，围绕课例研究的主题设计，完成教学预设。课例呈现可以是整体式，根据需要也可以是切片式。例如，只研究课堂的有效引入，就可以只重点展示引入部分。课例初上时，各观课小组要走近学生，组内合理分工，按照观课量表，客观记录下课堂呈现的真实数据和细节。课后及时统计数据、汇总数据，并通过数据对教学进行量化与质性相结合的具体分析，在集体研讨中，先呈现观课的数据和事实，再评析呈现的亮点和问题，特别是要仔细分析问题出现背后的原因，并提出科学合理的课堂重建建议。

这样的主题式校本研修能使教师的研究扎根课堂实践，从而开展务实研究，提高教师的行动研究能力。

3. 注重反思，提炼成果

"学而不思则罔，思而不学则殆"，注重反思是教师对主题理性认识内化的重要一步，是教师改善课堂教育教学行为的前提。这就要求课堂实践执教者在主题研修团体活动前，对组内交流研讨的观点和理论进行梳理整合，初步形成课堂实践预案。在课堂实践研修活动后，其他观察者和执教者要在课堂实践基础上,认真地对客观记录的研修过程共同理性分析、概括和提炼实践经验和教训,并对研讨的成果达成共识,进行集中反馈和提炼成果。

例如,为把主题式研修引向深入,在开展一段时间的后续实践之后,活动参加者需要撰写一份关于改进性实践的总结,客观地总结个人的收获与启发,将个人内化的理解外显化,并以研究的态度提出下一步研讨的问题。活动组织者可以研修实录、案例等形式撰写一份关于主题研修项目策划与实施情况的总结,总结的内容可反思主题是否符合教师们的需求,方案能否调动大家的积极性,记录问题破解情况与重要细节,评价教师们后续跟进情况,阐述组织者的收获与思考。[①] 这样的反思能让教师将行动研究提炼的成果内化为教育教学行为,教师反思实践,提炼成果,能使问题与困惑得到解决,提高教师研修的效果。

### (二)主题式校本研修的作用

在许多校本研修中,主题式校本研修是一个教师拥有话语权的研修模式。它以教师为研修主体,对教师科研能力进行改善,却又不同于一般研修。它具有针对性和自主性,满足了教师专业发展和学校教学改革的不同需求。

1. 增强教师的主体性

主题式校本研修在被动研修的基础上,从教师的自身需求出发,将教学实践活动、学科专业理论知识、教育教学研究等与教师的具体生活情境紧密联系,体现出针对性与自主性,激发教师的研修主观能动性和主体性,让教师对研修活动能自觉主动地开展,增强研修内驱力。

研修过程要是没有重视教师的主体性,没有从教师的实际需求出发,受到过多的外界压力将会导致教师的内驱力不足。然而教师不是因为行政

---

① 杨荣波.三阶九步:教研组主题研修项目的组织策略之探索[J].中小学教师培训,2016(06):26-29.

压力而被动地参与主题式校本研修活动后,其研修过程充满探究热情和主人翁感,从而对研修具有更积极主动的心态。这也正如德国教育家第斯多惠所说:"教师的注意力首先是发展人的主动性。人受教育后,变成自己的主人,变成生活的进修者。"可以说,主题式校本研修是教师获得研修主导权的重要方式。

2. 改善教师的科研能力

斯腾豪斯说过,每一个课堂都是实验室,每一名教师都是科学研究共同体的成员。时代变化,对教师教书匠的角色提出了更高的要求,教师不仅应是合格的、传统的知识传授者的职业角色,还应转化为教育教学实践者和研究者。

而主题式校本研修活动聚焦课堂,围绕筛选过后的主题,以课例研究为载体,将教学实践活动和研究活动紧密联系在一起,倡导组织教师间合作开展校本研究,有计划有步骤地逐步解决教师们实际遇到的教育教学实际问题,改变个别教师教学研究孤立无援的状态,营造同伴互助、务实、民主、宽松的校本研修氛围,过程中切实为教师邀请相关专家和教研员提供咨询和辅导。以此让大部分教师都能开展研究活动,实践与研究合一有助于提高教师们整体的科研能力。

3. 促进教师专业的自主发展

心理学家阿德勒认为,人类不是环境或遗传影响的简单消极的接受者,相反,人可以有目的地生活,每个人都有机会选择生活方式。在主题式校本研修的框架内,这一理念尤为凸显,教师不仅是知识的传递者,更是专业发展道路上的主动探索者和自主学习者。学校作为教师专业成长的摇篮,通过精心设计的主题研修活动,不仅搭建了理论与实践的桥梁,还营造了鼓励创新、包容失败的研修氛围。这种宽松而富有支持性的校园文化,激发了教师内在的自我提升动力,促使他们围绕教学难题、课程改革等核心议题进行深入探究与反思。同伴互助机制的建立,更是为教师搭建了相互学习、共同进步的平台,通过集体智慧的碰撞,教师的专业视野得以拓宽,教学技能与策略不断优化。教师不仅积累了宝贵的实践经验，更重要的是，他们逐步建立了强烈的自我效能感与成就感，这种正向的情感体验成为推动其持续自主发展的内在动力。教师的研修自我发展意识显著增强，自主规划学习路径、选择学习资源、评估学习成效的能力也随之提升，形成个人专业成长的良性循环。

## 第二节 主题式校本研修实施

主题式校本研修作为一种专注于教师专业发展的有效途径，其核心在于针对实际教学问题，通过教师自主选择和深入研究主题，进而推动教师的专业成长和教学质量的提升。这一过程不仅强调教师的主体性、实践性和反思性，旨在激发教师的研究兴趣和动力，同时也注重提高教师的教学能力和素养。在实施过程中，需要详细解析四个关键环节，即主题的精准确定、活动方案的周密设计、实践探索的深入开展以及反思总结的系统进行。这四大环节紧密衔接、相互促进，共同构成了主题式校本研修的完整流程。同时，也需要深入探讨如何确保研修成果的有效应用与持续生成，以及如何通过及时的自我反思来不断改进教学实践。

此外，主题式校本研修对于促进教师自主成长、推动教师与学生持续性发展以及为教师获取实践性知识创造有利条件等方面也具有重要价值。通过深入解读主题式校本研修的核心理念与实践方法，旨在帮助读者更为全面且深入地理解并掌握其精髓，从而在实际的教学工作中能够有效应用并推广，实现教师专业素养与教学质量的双重提升。

### 一、主题式校本研修实施要求

主题式校本研修的实施要按照一定的要求精选，不然教师无法着眼课堂实践，学校无法提升教育质量，难以实现专业发展。

## （一）问题小而到位，主题宜按需提炼

主题式校本研修的目的在于让教师有目的地聚焦课堂实际问题并通过研修方式解决问题，促使教师们激发研修意识，提升教师教学行动研究能力。同时有利于教师激发自主研修意识和能力，提高专业素养水平。相较于传统研修模式可能存在的泛泛而谈、缺乏针对性的问题，主题式校本研修如同精准的手术刀，能够深入剖析并解决教育肌体上的具体病灶。例如，某校在语文学科中面临学生阅读理解能力普遍较弱的困境，于是围绕"提升中学生语文阅读理解能力"这一主题展开研修，而非泛泛讨论"语文教学改革"。这样的聚焦，使得研修活动更加有的放矢，教师们也能在解决具体问题的过程中，获得更直接的成就感。然而，值得注意的是，问题的选择并非多多益善，亦非越大越好。如果一味追求问题的全面性、前沿性或宏大叙事，忽视了教师自身的教学实际与资源条件，很可能会适得其反。正如一位教师试图将"全球视野下的语文教育改革"作为研修主题，这样的主题虽具有高度，却往往因过于宽泛、远离日常教学实际，导致研修内容空洞，教师难以找到切入点，最终降低了研修的实效性和教师的参与热情。

相比之下，选择那些亟待解决、切口小、可操作性强的问题，则能有效激发教师的研修兴趣和行动力。比如，针对班级中部分学生写作兴趣不高的问题，可以设计"激发学生写作兴趣的策略与实践"这一主题研修。这样的主题不仅贴近教师的教学需求，而且便于教师在日常教学中立即实施并检验效果，形成"学习一实践一反思一再实践"的良性循环。

教师应遵循"主题要按照教师的需求提炼"的要求。在实际研修中，有两种主题式校本研修方式，一种是自上而下、违背教师需求以及过于强调统一的研修，一种是依据教师的主观期待和发展需求自下而上的研修。如果是忽视对教师需求深度挖掘的前者，它把教师的追求与期待简单停留在教育教学技能和效果的提高，就会让教师"学非所需"没有得到真正满足，从而使得教师对主题式校本研修失去信心和热情，会让研修活动空有

其表；如果是按需研修，教师会发自内在动力积极参加主题式校本研修活动，能在研修活动中拥有主人翁意识。学校在开展主题式校本研修时，应考虑教师发展需求的差异性，要尊重教师之间的不一样的发展需求，以此按照教师发展需求差异性选择提炼主题。对于不同研修需求的教师，学校可以根据实际情况进行统计分类，让教师们研修需求在主题式校本研修中能得到一定满足，提高实际效果。

（二）成果导向，重应用与生成

主题式校本研修要有论文、课题、研究报告等形式的研修成果，让教师在提升教育教学能力和专业素质时，也能在研修中"开花结果"，收获属于自己实践努力的成功果实，有利于提升教师的工作幸福感和满意度。但是，主题式校本研修不能为了研修成果而"闭门造车"，脱离课堂实践。否则，将会给教师的科学研究带来压力。

举例来说，当一位数学老师针对"提高初中生数学思维能力"这一主题进行深入研修后，通过撰写论文详细阐述了自己的教学策略与实践效果，这份成果不仅是对其教学方法的总结提炼，更是对同行的一种启发与借鉴。相比之下，若仅停留在口头交流或零散笔记层面，这份宝贵的经验就可能随着时间流逝而逐渐淡忘，无法使其价值最大化。然而，值得警惕的是，主题式校本研修绝不应成为脱离课堂实践的"空中楼阁"。我们不能为了追求研修成果的"光鲜亮丽"而"闭门造车"，忽视了研修与教学实践的紧密联系。正如一位英语教师，若仅仅为了完成一篇关于"英语阅读教学创新"的论文，而忽视了在实际课堂中尝试新方法、收集反馈，那么这篇论文即便再完美，也不过是无根之木、无源之水，难以真正指导教学实践，反而可能给教师带来不必要的科研压力。因此，主题式校本研修的成果必须回归课堂，接受实践的检验。教师在研修过程中，应兼具研究主体与实践主体的双重身份，勇于将研修所得应用于日常教学，通过不断地试错、调整与优化，使研修成果在实践中得到验证与完善。这样的过程，不仅能让教师的专业能力得到质的飞跃，更能确保研修成果的真实性与有效性，为实际工作的改进提供强有力的支持。

此外，主题式校本研修还应重视成果的生成性。随着研修的深入，教师的科学素养和研究能力不断提升，他们往往会在原有主题的基础上发现新的问题，孕育新的主题。这些新主题或许初时模糊、不成型，甚至略显稚嫩，但正是这些新芽的破土而出，预示着研修活动的持续活力与无限可能。通过对新主题的深入探究，教师可以不断得出新的研修结论，进而改进教学实践，形成良性循环。这种生成性的研修模式，不仅丰富了研修的内涵，也促进了教师的持续成长与自我超越。

### （三）及时自我反思，改进教学实践

开展完主题式校本研修后并不意味着毕其功于一役，学校作为组织者，如果只开展实践研修活动而不积极主动地组织教师们进行研修过程的反思，就会给教师们造成学校不重视研修的心理，教师们很可能把研修作为走流程、走过场的活动。试想，若学校仅满足于研修活动的顺利举办，却忽视了后续的反思与总结环节，教师们难免会感到一种"任务完成"的错觉，进而将研修视为一项不得不完成的"差事"，而非促进自我成长的宝贵机会。这种心态的转变，无疑会削弱研修的实际效果，让本应充满活力的学习之旅变得沉闷乏味。

与此相对，当学校积极组织并鼓励教师进行研修后的反思总结时，情况则截然不同。教师们通过回顾研修过程中的点点滴滴，不仅能够加深对所学知识的理解与掌握，更能从中发现自身的不足与改进的空间。这种由内而外的自我审视，是推动教师专业成长不可或缺的动力源泉。例如，一位语文教师在参与"古诗词教学创新"的研修后，通过反思自己的教学实践，发现自己在引导学生感受诗词意境方面存在不足，于是主动调整教学策略，尝试引入多媒体辅助教学和情景模拟等方法，最终教学效果取得了显著的提升。学校在此过程中的作用至关重要。它应当像一位智慧的园丁，既要悉心照料每一棵幼苗（即教师），又要适时修剪枝叶（即引导反思），以确保它们能够茁壮成长。对于那些在研修后未能积极参与反思的教师，

学校应采取温和而坚定的方式加以引导,帮助他们认识到反思的重要性,并逐步培养批判性思考与自我反思的习惯。

同时,学校还应建立科学的评价机制,对在研修活动中表现积极、勇于探索的教师给予充分的肯定与奖励。这种正向激励,不仅能够激发教师的内在动力,还能在教师队伍中营造出一种积极向上、勇于创新的良好氛围。在这样的氛围中,教师们将更加乐于分享自己的见解与经验,相互学习,共同进步。当教师们习惯了内省式的批判性思考,将反思融入日常的教学与研修之中时,他们便能够更加自信地面对挑战,更加敏锐地捕捉机遇,从而在教育教学领域不断攀登新的高峰。而这一切的实现,都离不开学校在研修活动全过程中对反思环节的重视与引导。

## 二、主题式校本研修实施过程

进行主题式校本研修,必须有一个比较清晰明确和具有可操作性的实施流程。主题式校本研修活动主要由四个环节构成,按照"主题确定环节—活动设计环节—反思总结环节"开展活动。有了真切有效地实施,就保证了主题式校本研修的实效与持续性发展。

### (一)主题确定环节

主题式校本研修活动开展的第一个环节是主题确定环节。教师要有问题意识,深入自己依赖的实际教学环境,把它作为问题发现的中心场所,细心观察和思考教育教学现象,及时捕捉和收集教育教学实践中产生的有价值的问题,对这些问题合理归纳、筛选、提炼为有典型意义的核心问题,让问题顺利转化为主题,明确主题式校本研修的方向性。而教师对问题诊断不到位,那么主题式校本研修就像迷失方向的航船一样,永远不可能到达成功的彼岸,教师参与研修的意愿就会变得参差不齐,难以找到开展研修活动的切入点。

例如,一名数学老师通过问卷调查、个别访谈等方式,系统收集了学生在应用题解答上的困惑,并结合自身教学经验,将这些困惑归纳为"如何有效提升学生数学应用题的理解与解题能力"这一核心问题。随后,她与同事们共同研讨，将这一问题提炼为校本研修的主题，围绕它设计了一系列针对性的研修活动，如案例分析、策略分享、模拟教学等，有效促进了教师间的交流与合作，也显著提升了学生的数学应用能力。

反观那些对问题诊断不到位的研修活动，它们往往缺乏明确的主题引领，研修内容零散无序，教师参与热情度不高，研修效果自然大打折扣。这些活动就像一艘迷失方向的航船，在研修的海洋中漫无目的地漂流，最终可能因迷失方向或缺乏动力而搁浅。

（二）活动设计环节

主题式校本研修的第二个环节是活动设计环节，主要是根据确定的主题进行研修活动前的准备工作，教师们要提前明确活动的任务，针对主题相关的教育教学理论进行统一的学习补充，厘清主题相关理论，加强研修理论素养，制订出具体详细的方案和计划，做好研修活动的各种准备。将一些从大主题细化后的小主题或是属于自己"短处"的主题，让教师自主独立完成；而一些依靠个人或请教他人无法解决的、共同存在的研修主题，则可以通过学校按实际情况组成研修学习小组共同完成研修任务。教师通过同伴互助、科学有序、流程明确的研修活动，可以获得更加深入、更具有教育敏感的问题研究，从而加强自我研究意识和能力。对一些课题实践性强的研修主题，可以通过课例的形式推进研修，让教师获得具体而深入的直观观察。例如，一所乡村小学在主题确定好之后，围绕研修主题，精选研修课例，以课例为载体进行研修活动，并设计课堂观察量表。学科教研组按照计划安排，有步骤地进行三备三上。更重要的是，主题式校本研修活动开展的形式和途径需要多样化，个体自主研修、同伴互助、专家引领、培训导航、课例推进、竞赛推动、骨干带动、学科突破等，如何选择，可根据学校实际情况和学科特点而定。

（三）实践探索环节

主题式校本研修活动的第三个环节是实践探索环节，它主要发生在课堂实践中。在主题式校本研修的进程中,实践探索环节作为联结理论与实践的桥梁,其重要性不言而喻。此环节聚焦于课堂这一教育实践的主阵地,鼓励教师以主人翁的姿态,充分利用赋予的自由与空间,深入教学一线进行积极探索与创新。这不仅是对教师专业自主权的尊重,更是激发其内在潜能、促进专业成长的关键所在。然而,自主并不等同于放任。在赋予教师研修自主权的同时,学校需扮演好"智囊团"与"护航者"的角色。一方面,学校应持续关注研修动态,为教师提供必要的专业指导与资源支持,特别是在教师遇到瓶颈或困惑时,及时伸出援手,以专业指导引领助力教师突破难关,实现成长飞跃;另一方面,针对部分教师在研修过程中可能表现出的被动、接受式学习或敷衍态度,学校应秉持人文关怀的理念,通过多样化的激励机制与个性化的沟通策略,逐步唤醒其内在动力,引导其从"要我研修"向"我要研修"转变,从而构建起一个积极向上、充满活力的研修生态。二者相辅相成,共同推动主题式校本研修向纵深发展,为教师的专业成长与学校的持续发展注入强劲动力。

## (四)反思总结环节

主题式校本研修活动的最后一个环节是反思总结环节。教师研修活动后的反思总结是教育教学实践水平进一步提高的保证,是研修流程中最重要的步骤。当教师认真针对个人实践活动进行反思发现是否存在问题、总结经验与不足后,在集体反思之前,学校分管领导和学科研修组长等应及时督促学科教师们深度学习,从中深入了解教师们开展主题式校本研修活动的情况,并将其作为设计深层次研究的新起点。在反思总结时,可以采取个人自主反思总结、同伴互助、团队反思总结、专家及时诊断等方式,让教师在反思总结的环节中能自主建构教学理论和策略,最终进一步改善自身的教育教学实践。学校分管领导和学科研修组长等在对待教师们上交的反思总结资料时,对于完成研修活动反思总结到位的教师,要给予教师相应的鼓励,促进其将研修理论资料转化为自己的课题和教学论文,并且应用内化提升为自身的教育教学思想理念;而对于反思总结不到位的教师,则要给予理解，营造民主宽松的研修环境，并从中理性分析教师反思总结环节出现的问题与困难，提供针对性的指导与帮助，引导教师感受研修过程中的价值和快乐。

### 三、主题式校本研修实施价值

主题式校本研修的成功实施是提高教师专业化发展的有力支撑。它充分体现了教师在职后培训的主体性，目的是让教师们在赖以生存的教育工作中发现问题、研究问题、解决问题，养成自主研修的意识和习惯，激发教师的研修潜能。更重要的是有助于激发教师校本研修中的自主性，经过自主开展问题学习、实践、反思等过程，丰富教师的理论知识和实践性知识，让教师的教育教学研究能力得到提升。通过开展主题式校本研修，每一位教师都成为研修中真正意义上的主体。

（一）积极促进教师的自主成长

主题式校本研修积极促进教师的自主成长。在开展主题式校本研修活动时，教师会全身心投入研修活动，围绕自身教育工作需求选择感兴趣的研修主题，自主决策研修方式，也是自行解决问题内化为自身的知识或技能的研修过程，从而主题式校本研修对教师形成专业吸引。在开展研修活动中，则要改变一直以来教师在培训中的被动地位，让教师置身于自主选题、自主研究、自主反思自省、自主建构的宽松研修氛围，从而实现教师自主成长。可以说，主题式校本研修只是教师在职后专业发展的一种方式，而不是专业成长的所有，理解了这点，才能不迷失研修方式。主题式校本研修真正挖掘了教师的专业自主性和自觉性。

（二）促进教师与学生的持续性发展

主题式校本研修的评价原则在于研修成果是否提高课堂教学质量和有助于学生的发展，而关键的前提是促进教师与学生的持续性发展。学校要将研修的目标设置为教师与学生的共同发展，确保教师自身专业能力和综合素养的提升，促进学校的发展，最后让教师的实践和研究从课堂出发再回归到课堂，为服务学生的持续性发展提供有力保障，达到教师与学生都处于发展的状态。

### （三）为教师获得实践性知识创造条件

主题式校本研修关注教师内隐于教育工作中实践性知识的获得。实践性知识支配着教师日常工作的行动和思维，是教师的内隐性知识。实践性知识的获得需要依赖日常教学实践情境，而主题式校本研修为其提供习得情境。主题式校本研修通过教师发现问题、研究问题、解决问题后的学习、实践、反思等为教师获得实践性知识创造条件，有助于教师们内隐知识的外显化。

## 第三节 主题式校本研修关键

在主题式校本研修的实施过程中，关键因素众多，其中最为显著的当数教师的主动参与和实践回归。此种研修方式要求教师不仅在理论层面深入学习，更要在实际教学中将所学知识与技能加以应用，从而实现教育理论与教学实践的有效融合。同时，教师需求的关注亦不可或缺，这要求整个研修过程能够切实贴合教师的实际需求，避免内容与教师实际工作之间的脱节。此外，同伴互助也是主题式校本研修的一大关键，通过教师之间的相互学习与协作，能够有效促进教学经验与教学智慧的共享，进一步提升教师队伍的整体素质。综上所述，主题式校本研修的实施关键在于教师的主动参与、实践回归、需求关注以及同伴互助，这些要素共同构成了其成功实施的坚实基础。

### 一、应回归课堂实践

主题式校本研修强调的是，教师在具体教育教学实践中主动学习和改进，掌握使用研究方法的能力；在课堂实践中助力教师在课堂达到教育理论实践内化和教育教学经验理论化，开出课堂实践智慧之花。因此，主题式校本研修不能离开课堂实践，仅仅是同伴互动后只由优秀教师进行示范是不够的，应借助形式多样的校本研修方式回归到实际课堂。以《夯实法治基础》为例，在部编教材九年级上册道德与法治《夯实法治基础》的教学中，要想教师真正掌握行动研究的方法，应该让教师在参与主题式校本研修时将行动研究贯穿整个研修过程，在与同伴互动协作后自身要将研究成果再次回到自己的课堂实践中验证内化。

比如，给本次课例研究我们选取的主题是"紧跟时代性巧设情境，提升法治课教学能力"，在充分分析学情的基础上，经过课题组和教研组的通力合作，几经修改，完成了教学设计最终稿。接下来的三轮磨课、授课，课题组成员也是全程参与。最后，结合成员们的评课和自己的教学反思，总结出九年级道德与法治学科法治板块教学的课例，进入学校课例资料库。[①]

在开展主题式校本研修中，如果我们脱离具体课堂情境的操作实践和亲身体验，还是回到观摩优秀教师的公开课的话，过于在"听中学"，教师也很难把在学习共同体中觉察到的理论，在课堂中建构图式和发展个人实践性经验，那么这跟长久以来教师培训的"单向灌输"所带来的被迫伤害没有差别。而且，主题式校本研修主张解决自身在教育教学实践中遇到的具体问题，如果只是参与集体备课，而将研究过程和实践过程的相关性忽略的话，则违背了主题式校本研修的目的，为教师们提供实践操作的支持和助力，让教师能比较快地将实际问题解决从而改进和转变自身的课堂效果。因此开展主题式校本研修活动，应回归课堂实践，通过课堂实践活动的不断改进而达到解决问题的目的。

## 二、应注重教师需求

主题式校本研修给予教师更多的研修自主，从教师的内在需求出发设计日常研修活动，实践、反思、研究、改进、再实践的研修流程做到研究、

---

① 仇玥.主题式校本研修促进青年教师专业成长的实践研究：以《夯实法治基础》课例研究为例[J].新课程导学，2022(13):30-32.

教学实践、学习培训的研修一体化，改善教师教育质量，真正让教师成为研修主体。

试比较下面两种不同的教师培训方式：

## 教师培训方式一

在教师培训中，教学方式多以课堂讲授或讲座报告等为主。这种集中讲座的方式也决定了教师学习的方式，即"听中学"，有的是几百人，甚至上千人，坐在一起听一位专家的报告。专家坐在教室前，一页页翻着 PPT，语重心长地告诉老师们要以学生为中心，要为学生创设多样的学习方式，要……而他自己的行动却诠释了一个又一个典型的反例。[①]

## 教师培训方式二

例如，组织观摩教学案例，然后示范、引导教师用理论来解释教学案例，进而理解理论的意义；组织教学诊断活动，引导教师发现其中的问题，依据理论提出改进策略，进而学会应用理论；组织教师做课例研究或行动研究，通过案例学习、直观演示让教师理解研究方法，通过指导教师动手操作、亲身体验来掌握研究方法，然后指导教师在教学中使用研究方法。[②]

在这两种教师培训方式中，第一种教师培训方式的设计，培训方式没有关注到教师的培训状态和实际学习的深度，教师在参与培训的过程中可能就已经与其内在需求相脱离，教师处于服从和执行的角色，往往受到被动的、强制性的驱动性成长。第二种的教师培训方式则做到了从教师的实际工作环境中遇到的状况出发，以教师教学活动为研究载体，通过引导教师作为研修主体而自觉主动地根据实际需求投入自身发展中。

---

① 周文叶.开展基于表现性评价的教师研修[J].全球教育展望，2014，43(01):50-57.
② 周钧，张梦雨.从教师培训到校本研修:教师继续教育范式的转变[J].徐州工程学院学报(社会科学版)，2017，32(01):100-103，108.

策 略 篇

# 第四章 问诊式校本研修

在深入探索校本研修的广阔疆域中,"问诊式校本研修"如同一面明镜,既映照出教育实践的细微纹理,又引领着教师专业成长的新路径。这一模式,根植于学校实际,紧密贴合一线教师的教学需求,通过"问题导向、专家引领、团队协作、反思改进"的循环机制,构建起一种高效且富有针对性的教师成长生态。"问诊式"研修,顾名思义,即如同医疗领域的精准诊断,它要求研修活动始于对教学实践中真实问题的敏锐捕捉。教师们在日常教学中遇到的困惑与挑战,成为研修的起点和动力源泉。通过集体备课、课堂观察、学生反馈等多种方式,我们深入挖掘教学"病灶",确保研修的精准性和实效性。

在此基础上,引入教育专家的智慧引领,如同资深医师的会诊,为问题的解决提供科学指导和理论支撑。专家与教师之间形成良性互动,共同剖析问题根源,探讨解决方案,促进理论与实践的深度融合。

## 第一节 问诊式校本研修概述

刘开在《问说》有云:"君子之学必好问",这道出了提问与研习相辅相成之理。教育改革浪潮中,校本研修逐渐成为引领教师专业发展的重要途径,而问诊式校本研修则是其重要的模式之一。问诊式校本研修的核心在于"问",通过精细问诊,深入教学的微观世界,直面挑战,质疑现状,从而不断促进教学质量的提升。同时，强化"研"与"修"结合，构建教师学习共同体，使教师共研、共思、共成长。因此，问诊式校本研修不仅是教师专业成长的加速器，更是教育创新活力的源泉。它让每一位教师都能在问与学的交织中，不断拓宽知识边界，提升教学智慧，共同绘制出一幅幅生动绚丽的教育画卷。

## 一、问诊式校本研修的内涵与特征

### （一）问诊式校本研修的内涵

关于问诊式校本研修的内涵，最早由李志强与王慧提出，认为问诊式校本研修以"问"为起始，教师创建"问题树"，并将实践中遇到的问题记录下来挂在树上，其他教师就此提出经验或资料，来解决教学过程中遇到的问题。这种教研方式不受时间、地点的限制，可以实现随时随地地交流和讨论，实现了校本教研的日常生活化。[①] 王光伟则认为其核心在于通过观察诊断技术，帮助教师诊断和解决在教育教学过程中遇到的问题。通过质性评价的方法，以教师主动参与，结合自身问题和已有经验在解决问题的实践性活动过程中获得知识。[②] 王又新和李仕魁补充了来源于利皮特（Lippitt）和福克斯（Fox）的问题解决式教师培训理论，强调要因地制宜，因问题而进行相应的培训，以问题作为起点，以教师成长为终点，认为问诊式校本研修是一种追踪教学问题为主的"行动研究"模式。[③]

综上所述，问诊式校本研修是指通过多种形式的"问诊式"教研活动，以教师为教学研究主体，以实际教育教学过程中遇到的问题为研究对象的校本教研。教研人员能够深入了解教师在教育教学工作中所遇到的疑惑和

---

① 李志强，王慧."问·诊·磨"校本教研模式初探[J].教育科学论坛，2009(06):25-26+4.

② 王光伟.基于质性评价的有效教师校本研修初探[J].教育测量与评价(理论版)，2011(02):31-34.

③ 王又新，李仕魁.校本研修研究综述与再思考[J].新课程导学，2020(22):28-31.

困惑，进而了解他们需要哪些方面的帮助，并对教师、学生、家长提出的问题进行系统的整理和分析，最终设计出可行的教研活动，并在此基础上开展和实施。

需要明确的是，问诊式校本研修是一种基于问题解决的学习模式，通过提出问题、分析问题、寻找解决方案等步骤，来促进学习者的主动思考和合作学习。这种学习模式注重培养学习者的问题解决能力和批判性思维，以问题为核心，倡导学习者自主探索和发现，培养学习者主动思考和合作学习能力的学习模式，从而提高学习效果和学习兴趣。通过问诊式学习，教师可以深入研究问题，提高专业素养，并促进教师之间的合作和交流，共同提高整体教学质量。

### （二）问诊式校本研修的特征

1. 针对性

问诊式校本研修以其高度的针对性为显著特征，它如同医疗领域的精准诊断，深入教学一线，直面教师在教学实践中遇到的具体问题与困惑。在实施过程中，研修团队首先通过细致入微的"问诊"，即问卷调查、教学观摩、个别访谈等形式，全面收集教师们在课程设计、教学方法、学生管理等方面的实际需求与瓶颈。随后，依据这些"诊断结果"，量身定制研修内容与活动，如组织专题讲座针对普遍存在的教育理念更新问题，开展同课异构活动聚焦教学技能提升，或是建立一对一导师制解决个性化教学难题。这种精准施策的研修模式，不仅有效提升了教师的专业素养，更促进了学校教学质量的整体跃升，实现了校本研修的实效性与高效性。这种模式可以更好地满足教师个体的需求，使其能够在现实场景中获得实用的知识和技能。

2. 自主性

校本研修是校本研究和校本培训的有机结合，是以促进本校教师、学生和学校的发展为本，立足于本校工作实际，根据教师自身专业发展的需要，开展自主、合作、探究性学习和锻炼，提高教师的专业修养，促进教师专业化发展的一种新型的教师继续教育形式。[①]作为研修的主体，教师内在个人因素影响着研修的过程和效果。内因是事物变化发展的根本原因，是教师成长的内动力。[②]校本研修是外部提供给教师成长的方式，但教师的成长离不开其自主能动性，因为教师的成长和发展不是通过单纯的练习或重复，以获得丰富经验而自动产生的，而是在有效的教学行为和完备的结构中，在自我的不断学习中建构的，可以理解为，教师的成长是教师主动地、自愿地、积极地去接受外部的帮助去进步。可见，自主性是问诊式校本研修的显著特征之一，也是在实施问诊式校本研修的过程中必须关注到的要点。问诊式校本研修的自主性主要体现在教师具有强烈的自主研修意识和自主研修能力，并且能立足于个人的实际情况，明确自身在研修中发展的方向和目标。具有自主性的研究参与者，在研修过程中有着独立思考的能力、主动参与研修的意愿和敢于发问的品质，是具有创造性的个体。

然而，在以往传统的校本研修活动中，很多学校都忽略了这一点，大多简单地把研修活动设计为"幕后"指导教师上展示课或是点评基层学校的实践课两种方式，显而易见，在这样的研修活动中，教师实质上并未自主参与到研修之中，只是充当了一名演员或观众，教师的收获感是很低的，更不用说在研修之中获得成长。在这样的现实之下，教师很容易丧失参与研修的激情和主动学习的积极性，灌输式的指导缺乏实际意义，这样的研修并未做到深入剖析教育教学中存在的问题，也并未从教师自我成长需要的角度去利用教师的自主性，忽视了教师的主体地位，使得校本研修失去生机，也抑制了广大教师自我成长的主动性和能动性。

因此，要解决这一问题，就需要在问诊式校本研修的模式中，基于教师立场，内外结合，增强教师参与校本研修的内生动力。利用问诊式校本研修的自主性特征，将研修重心下移，立足于教师的角度，自下而上形成

---

① 周冬祥.校本研修：理论与实务[M].武汉：华中师范大学出版社，2007:8.
② 周红.区域推进校本研修策略的个案研究[D].长春：东北师范大学，2014.

研修结构，也就是将教师在教育教学中遇到的疑难困惑和短板加以汇总、梳理和分析，与教师展开平等且有效的对话，在询问中让教师积极参与到活动之中，认真听取教师个体建议的同时，帮助教师解决看得到的实际问题，也在此过程中实现理论指导下的实践，保证研修的纵深推进，以此来推动教师提升自身研究水平，让教师从自我发展的需要出发，产生强大的内驱力，实现问诊式校本研修的自主性特点。

3. 开放性

校本研修应立足于不同学校的校内资源开展，不同层次的学校拥有的资源以及教师自我发展的需要有所不同，具有开放性的问诊式校本研修能很好地适应不同学校、不同教师的需要。有的学校校本研修方式多为聘请专家理论讲座、外请名优教师教学展示，或者是本校某位教师执教、教研组评课。整个过程往往就是专家讲授参训教师聆听、名优教师展示多数教师观看、某位教师上课其他教师只需就课论课，缺乏深度互动和参与。[①]这样的研修方式是单一而枯燥的，是缺乏开放性的，忽略了校本研修的关键在于过程的"研"和实践的"修"。由此可见，问诊式校本研修模式要利用好自身的开放性，为教师、教育者打造一个广阔的学习和交流的平台，将问诊式校本研修的开放性发挥出来，使其具有更强的包容性和多样性。

问诊式校本研修模式所开展的教研活动是一种具有组织开放性的研究方式。在问诊式校本研修模式中，教师通过内部协商形成研修的组织，且研修的活动和研修的内容的选择上教师具有话语权，决定了这一研修模式能很好地包容不同教师的需要。同时在这一活动的组织系统之内，来自外部的因素也在对研修活动产生影响，如校外的专业人士、各种信息资源等外部因素也可以融入，这一研修模式由始至终都体现着内外部各因素之间交叉互动作用，体现出基于对话这一交流形式的强大开放性。

---

① 王敏文.提升区域校本研修质量的思考与实践[J].宁波教育学院学报，2022，24(03):43-47.

## 问诊的研讨[①]

教学"长方形和正方形的面积"时，一位教师提出：学生能熟记面积计算公式，对于能套用公式直接进行计算的练习出错较少，但是对于那些需要理解面积公式的内涵来解决实际问题的习题就会出错较多，经过教研组内的"问诊"之后，分析产生这种现象的主要"病因"是在于教学中教师存在"重结论，轻过程""重公式，轻推导"的做法。对于图形的面积计算，《义务教育数学课程标准》中对其描述的关键词是"操作""探索""掌握""解决"。实际教学中，教师往往忽视"以学生为主体"，教师讲授占主体，致使学生的操作能力、思维能力得不到提高，缺乏必要的数学活动经验，面临实际问题时，思路狭窄或思维定式，不能很好地将图形面积知识本质与生活实际相结合。经过教研组共同"会诊"后，确定了"处方"：数学活动经验是学生不断经历、体验各种数学活动过程的结果，是在"做"和"思"的过程中逐步积淀起来的。

4. 生成性

在问诊式校本研修模式中，其生成性的特点是这一研修模式的成效保障。问诊式校本研修模式的生成性是指研修的发展过程或发展走向不是严格按照预定的计划进行的，而是根据研修活动过程不断及时进行调整和优化，从而使研修活动的发展和成效更接近理想的。以发展的眼光去看待整个研修活动，在研修过程中发现新的研修内容，探究新的问题，使教师能够积累到更多的经验和学习更多的能力，不断生成新的专业素质结构，将团队合作、多元对话的优势展现出来。因此，在问诊式校本研修模式的实施过程中，我们要认识到实际上是一个教师专业素养在互动和发展之中持续生成的过程。

要实现问诊式校本研修的生成性，首先，要给予研修者充分的自我发

---

① 李萍，马刚.小学数学"学·诊·磨·思"问诊式校本教研方法探析[J].新教育时代电子杂志（教师版），2020(39):31.

挥的空间，将研修的课堂还给教师，做到尊重不同教育者的教学设计和教育理念，让研修活动服务于教师的专业成长，在关注教师专业素养发展的同时，不要拘泥于走寻常路，让研修活动有更多的可能，以实现教师的自我觉醒、自主发展和自我超越。

其次，要克服研修中急功近利的思想倾向，从教师群体内部而言，是要转变自身参与研修的内驱力，能耐心地进行研修和专注于教育教学能力的提升，给自己成长的时间。从外部而言，则是学校要做好研修的指引，切忌形式化的研修，而着眼于提高本校教师队伍的专业素养，从教师成长的角度出发，通过研修活动给予教师专业发展更大的帮助。

最后，在具体的研修活动中，要关注和把握好研修的重点问题和细节问题，在对话中要善于抓住实践中的问题，并在理论上进行深入探讨，跳出直线式的思维惯性进行思考，学会发展地看待整个研修过程，在不断发展之中生成教师自身的专业成长。

总而言之，问诊式校本研修以教师问题为切入点，提倡主动参与和反思，追求实效。它能够有效地激发教师的学习热情和专业发展意愿，促进教育教学质量的提升。

## 二、问诊式校本研修的技巧与作用

### （一）问诊式校本研修的技巧

校本研修是促进教师队伍建设的有效途径，是建设教师专业发展型学校的突破口和切入点，而问诊式校本研修正是学校开展校本研修的一种，其目的在于让教师在问诊中学习，将研修过程中的收获内化为自己教育教学的有力武器，在专业发展的道路上不断提升自己，不断超越自己。而要想使得问诊式校本研修活动获得好的效果，必须保证对设计技巧的了解和应用，将研修的各个环节串联起来，使研修过程形成一个具有系统性和条理性的组织结构；要以培养教师教育教学能力为着力点，使教师更加积极地参与到研修活动之中；要将研修过程中的理论和实践紧密结合起来，帮助教师解决教育教学中遇到的实际疑难，使教师掌握的是可操作的技能，而不仅仅是"束之高阁"的理论，不懂得应用到现实教学中。通过问诊式校本研修，来改变以往形式化、低成效的校本研修，使得教师能够积极参与到研修活动中来，能够在研修中提升自我，能够在研修中习得教育教学的先进理论知识并能从教学技能上对此加以应用，提高教师队伍的专业水平。

1. 教师与自己的问诊

教师与自己对话，其实质就是教师在教学实践中的反思和总结，就是教师大彻大悟后的再加工。[①]在现实生活中，不少教师是缺乏教育教学反思能力的，他们会认为上好课很重要，但是却忽视了上完每一堂课以后对自己教学的反思和总结。相较于课后的反思，教师们往往更重视课前的设计和课上的展现，也认为教学的这些环节更有研究的价值。这就导致了很多教师不能清楚地认识到自身教学中存在的问题和缺憾。因此，教师需要重新审视教学反思的重要性，认识到教学的各个环节，包括课前、课中、课后的各阶段，这些阶段组成了一节完整的课堂，它们之间是环环相扣的、步步相连的，不可忽视其中的任何一个环节。要以课前的设计为起点，将课堂上的每一步联系起来，而在完成了一节的教学以后，以课后的反思作为下一节课堂的开端，将课堂与课堂之间联系起来，形成一个闭环，循环往复，从而实现教师不断研究进步的发展路径。

要做到和自己对话，教师可以通过课后对自己的教学实践进行思考和记录，常见主要方式有撰写教学反思、教学叙事、案例分析、教学总结，做到在回顾中思考，在思考中发现，多种方式交叉应用，利用教学反思切入教师专业发展，在教学叙事中形成个人的教学积淀，在案例分析中深思细节，在教学总结中明晰自我。

---

① 高维君，江菽.夯实"三个对话"模式 深化校本研修活动:基于莽卡满族中心学校教师专业发展型校本研修实践的分析[J].中小学教师培训，2014(06):14-16.

此外,值得注意的是,教师的反思、叙事应该同备课、上课相结合,反思、叙事应该贯穿于备课、上课的始终,通过这样的方式,使之成为教师的习惯和风格。教师应当有意识地采取反思、叙事与教研活动相结合的自我对话方式,使得反思和叙事成为自我研修的一个环节,以教学中发现的问题为任务,在任务的驱动下开展个性化的教研工作。

2. 教师与教材的问诊

要想提升教师的教育智慧和专业水平,首先就要提升其学科教学的智慧,这就需要通过问诊式校本研修模式,引领教师与教材之间展开对话。教材是一门学科教学的基石,也是一门学科教学的起点,作为教师,只有深入理解教材,精准解读教材,才能有创造性地使用教材,才能让自己的课堂成为有效且有趣的课堂。所以,在问诊式校本研修之中,不可忽略的其中一点是要引导教师与教材展开对话,与教材对话是问诊式校本研修的开始,因为研读教材是不同学科教学的基础,通过深入教材文本,教师可以明确本学科每一个层次的教学内容,以及发现它们之间的关系,这是找出教学重难点的必然途径,是设计教学目标和教学环节的重要环节,同时更是决策教学方式、教学手段的必要参照。

更重要的是,教师与教材展开对话能体现出一位教师的专业能力水平,通过在校本研修中不同教师与教材展开对话后的探讨,在教师们的交流中能碰撞出教学智慧,在自由和谐的对话环境中,可以帮助教师更多角度地认识教材,梳理教材,明确教学的重难点所在,并针对此提出有效的教学技巧或策略。可见,通过与教材对话,能够很好地提高教师认识教材的深度,整合教材的广度和驾驭教材的能力。

3. 教师与同行的问诊

《学记》有云:"独学而无友,则孤陋而寡闻。"因此,在问诊式校本研修中对话,必然不能只是教师自我的对话,而应该是整个教师群体乃至教育行业的更为广阔的对话。教师与同行对话应该包括教师群体内的对话和教师群体以外的对话,也就是教师与同伴之间、教师与专家之间的对话。

教师与同行对话，实质上是让教师通过研修互动实现交流和合作，在互动中碰撞智慧和灵感，在对话中实现双赢甚至是多赢的目的。

在问诊式校本研修中，与同伴对话，可以帮助教师自己的专业发展获得技术性支持；而与专家对话，可以帮助教师实现专业水平和研究能力的显著提升。与同伴对话和与专家对话方式是不同的：与同伴对话，重在经验的交流和分享，是思维的交换和整合，同时这也是学校加强教师队伍凝聚力的一种方式；而与专家对话，更侧重于教育理念和理论认识上的提升，特别是与高校教师的对话，是两个不同维度的融合，是理论与实践的交互。因此，在实施问诊式校本研修的时候，要注意以上两种与同行对话的形式的应用，它们同等重要，要在实际研修中将两者融合使用，使其发挥出应有的作用。

（二）问诊式校本研修的作用

问诊式校本研修的目的是基于平等的对话实现研修参与者之间的交流、合作和提升，在交流中促进教育智慧的碰撞和融合，围绕着研修者在教学实践中遇到的疑难，将理论与实践紧密联系在一起，促进教师队伍的专业发展。研修者通过这一研修模式，既实现了教学技能的锻炼，同时达到从理论角度观照现实问题，并能自主探寻解决之路的教学研究水平。

在这一过程中，不仅实现了教师队伍专业发展的建设，充分发挥了教师在研修过程中的主体地位，培养了教师良好的对话素质和研究能力，使教师在更为广泛的视角中去认识自己的教育教学过程，满足了教师群体自我发展的需要。同时通过问诊式校本研修模式，以研修活动作为凝聚学校内、行业内以及各群体的一种有效方式，这对教育发展有着重要的意义。

1. 多主体参与研修

在问诊式校本研修这一模式中，多主体参与研修是其显著的优势。校本研修作为教师继续教育的一种有效的方式，其转变了教师在继续教育中的角色、地位，由"受训者"变为"研修者"，突出了教师的主体地位。校本研修的活动内容大多来自教师自主专业发展和教学实践的需要，在问诊式校本研修的活动过程中,突破了以往教师作为"学生"的接受式研修的常规,而是让教师与教师、教师与专家之间展开有效的对话,在对话中交流。在平等的对话过程中,管理者和研究者要注意教师研修中的无效或低效问题,及时进行组织、调控、引领,以此来实现教师自主发展的目的。这一切都是建立在对话的基础之上的,通过问诊式校本研修,多主体通过对话参与到研修之中,创设一种教师之间互相学习、互相帮助、互相切磋、互相交流的一种学校文化环境,让学校不仅成为教学发生的场所,也成为教学研究的基地,同时成为一个促进教师不断成长与提高的平台。

2.多角度实现研修

新课程在课程功能、结构、内容、实施、评价和管理等方面,都有了重大突破和创新。新课程的实施,迫切要求广大教师尽快提高专业化水平,包括更新教育观念,改进教学方法,扩大知识面,完善知识结构,尤其要求教师从实践中学习,在反思中提高。[①] 而问诊式校本研修,通过众多研修者对话中的交流和合作,不同的研修者基于不同的教育理念和个人的教育实践,会对提出的教学问题有着不一样的看法和意见,不同的研修者会有不同的角度,这样多角度的研修方式,给予了研修者更为广阔的认识角度。认识是思维发展的基础,多角度的认识可以促进思维的发展,而这种多角度的研修方式,拓宽了教师的认识,有利于加速教师的专业发展。

3.多形式构建研修

在问诊式校本研修中,可以通过多样的形式去实现研修。传统的校本研修活动大多形式单一,不少学校的校本研修方式多为聘请专家到校做理论讲座,外请名师做教学展示,或者是本校某位教师执教、教研组评课。整个过程教师作为研修的参与主体,处于观众的位置,并未发挥教师的主体能动性。这种单箭头的研修方式,忽视了教师的主体地位,忽略了研修

---

① 何雪芳.聚焦课堂问题 促进对话反思:在校本研修中与教师共同成长[J].现代教学,2004(06):43-44.

内容前有铺垫后有延伸的内在联系，使校本研修失去生机和活力。而问诊式校本研修的形式是多样的，校本研修的特征就是专家引领、同伴互助、个体反思实践等。这样的研修方式，不同于单一"传授－接受"的范式，它强化了一线课堂、真实课堂的实践情境，倡导参与、交互和探究等各种互动研修方式，强化生成性、开放性。它要求主讲者或执教者、参训教师共同承担学习任务，共同承担责任，引导参训教师把已有的实践经验融入培训活动中，它更加强调的是学而不是教。这样的角色的变化，使参训教师亲身体验主动的合作、探究学习的喜悦，以达到自身观念、态度和行为上的改变，以实现教学理念与教学行为的无缝对接，实现校本研修的目标。

## 第二节　问诊式校本研修实施

在当今教育改革的浪潮中，问诊式校本研修作为一种高效、精准的教师专业发展模式，正日益受到学校的青睐。通过源自真实课堂的敏锐洞察、多视角审视深入剖析根源、策略创新实践验证以及持续改进螺旋上升的过程，问诊式校本研修有效促进了教师专业素养的提升和教学质量的持续改进。

### 一、问诊式校本研修实施原则

#### （一）以问题导向为核心

以教师在实际工作中遇到的问题为切入点，重点解决实际问题，提高教育教学质量。其核心在于问题导向的实施原则，这一原则强调从教学实践中发现问题、分析问题、解决问题，形成闭环式的研修机制，旨在促进教师专业成长，提升教学质量。

1. 源自真实课堂的敏锐洞察

问题导向的第一步是发现问题。这要求教师们具备敏锐的洞察力，能够在日常教学中捕捉到那些影响学生学习效果、制约教学质量提升的"痛点"。例如，在数学几何课中，当教师发现学生对几何图形的空间想象能力普遍较弱，导致解题困难。这一问题不仅影响了学生的学业成绩，也揭示了教学方法可能需要调整或补充有关空间想象的训练环节。通过定期的教学反思、学生反馈以及同行观课等方式，教师们能够精准定位问题所在，为后续的分析与解决问题奠定基础。

2. 多视角审视，深入剖析根源

发现问题后，问诊式校本研修鼓励教师采用多视角分析问题的成因。在上述案例中，教师团队不仅从教学内容的难度、学生的个体差异等内部因素出发，还考虑了教学资源、家庭支持等外部因素。通过组织专题研讨会、邀请专家指导、开展问卷调查等多种形式，教师们深入剖析了空间想象能力培养不足的原因，如教学方法单一、缺乏直观教具、学生预习不充分等。这种全面而深入的分析为后续制定针对性的解决方案提供了有力支撑。

3. 策略创新，实践验证

基于问题分析的结果，教师们开始探索并实施解决问题的策略。针对空间想象能力训练不足的问题，学校采取了多项措施：一是利用网络技术制作几何模型，增强教学的直观性和互动性；二是开发一系列空间想象训练游戏和在线资源，激发学生兴趣，促进自主学习；三是调整教学计划，增加实践操作环节，让学生在动手实践中提升能力。同时建立学习小组，鼓励生生之间相互帮助，共同进步。这些策略的实施不仅有效解决了原有问题，还促进了教学方式的创新和学生综合素质的提升。

4. 持续改进，螺旋上升

问题解决后，问诊式校本研修并未止步。学校通过定期的效果评估，如学生成绩分析、教学满意度调查等，来检验改进措施的有效性。同时，建立反馈机制，鼓励教师和学生提出新的建议和意见，以便对研修方案进行持续优化。这种循环往复的过程，确保了校本研修能够紧跟教育发展的步伐，不断适应新的教学需求，实现教师专业成长的螺旋式上升。

问诊式校本研修中的问题导向实施原则，通过发现问题、分析问题、解决问题及效果评估与反馈的闭环流程，有效促进了教师专业素养的提升和教学质量的持续改进，为构建高质量教育体系提供了有力支持。

（二）需要参与共建

问诊式校本研修作为一种深度融入教学实践、旨在促进教师专业成长的有效模式，其成功实施离不开参与共建的实施原则。这一原则强调研修活动不应是少数人的独角戏，而应成为全体教师共同参与、协作创新的平台。

在教学实践中，参与共建的实施原则体现在多个方面。首先，它要求学校管理层与教师团队紧密合作，共同设定研修目标与议题。例如，针对学生阅读能力普遍偏弱的问题，学校管理层与教师代表通过座谈会形式，广泛收集一线教师的教学困惑与需求，共同确定以提升阅读教学策略为主题的研修方向。这种自下而上的沟通机制，确保了研修内容的针对性和实用性。其次，参与共建还体现在研修过程中的互动与协作。在研修活动中，教师们不再是被动接受知识的对象，而是成为主动探索、分享经验的主体。通过小组讨论、案例分析、教学观摩等形式，教师们围绕阅读教学策略展开深入交流，共同探讨有效的教学方法与技巧。这种互动式学习不仅激发了教师的参与热情，也促进了教学经验的共享与传承。此外，参与共建的实施原则还鼓励教师将研修成果转化为教学实践。

在研修结束后，学校组织教师进行教学实践尝试，将所学的教学策略应用于课堂教学中。同时，建立反馈机制，定期收集学生的学习效果与教师的教学感受，对教学策略进行持续优化与调整。这种从理论到实践的转化过程，不仅提升了教师的专业素养，也显著提高了教学质量。

问诊式校本研修需要坚持参与共建的实施原则。通过管理层与教师团队的紧密合作、研修过程中的互动与协作以及研修成果的有效转化，共同推动教师专业成长与教学质量的持续提升。鼓励教师广泛参与、集体研修，形成集体智慧，促进教师间的互动与合作。

（三）及时反思评估

在教学实践中，参与共建意味着每位教师都是研修活动的主体，他们的声音、经验和需求都应被充分尊重和纳入考虑。例如，在一次以提升课堂互动性为主题的校本研修中，学校组织教师分组讨论，鼓励每位教师分享自己在课堂互动方面的成功案例与面临的挑战。通过集体智慧的碰撞，教师们共同设计出了一系列创新的教学策略，如小组合作学习、角色扮演等，有效提升了课堂的互动性和学生的参与度。而及时反思评估则是确保研修效果持续优化的关键环节。在研修活动结束后，学校组织教师进行集体反思会议，回顾研修过程，总结成功经验，分析存在的问题与不足。同时，采用问卷调查、学生反馈、教学观察等多种方式，对研修成果进行量化评估，以数据为支撑，客观反映研修效果。例如，通过对比研修前后学生的课堂表现和学习成绩，发现学生的课堂参与度显著提高，学习成效也得到了明显提升。

注重教师的反思和评估，从实践中总结经验教训，推动个人与组织的发展。

## 二、问诊式校本研修实施流程

### （一）面向日常：问题的引发和征集

1. 从日常教学实践中创建问题合集

在问诊式校本研修中，问题的引发和征集是关键的第一步。教师们在日常教学过程中会遇到各种各样的问题，这些问题既可能是教学内容上的困惑，也可能是教学方法上的挑战，甚至是学生管理中的难题。为了更有效地收集和整理这些问题，学校应建立一个系统化的机制，鼓励教师在教学实践中主动记录和提交问题。比如设立专门的问诊记录表格，教师们可以在课后或教学反思时，将自己遇到的问题记录下来。这些记录表应包括问题的具体描述、出现的教学情境、尝试的解决方法以及问题的后续影响等信息。通过详细的记录，教师们不仅能清晰地表达问题的内容，还能为后续的分析和讨论提供充分的背景资料。其中，记录的形式可以是"问题树"等更加便利化的呈现方式。

问题的收集是第一步，而更为重要的是其后的交流和反馈。因此，学校应定期组织教师们进行教学反思交流会。会上，教师们可以分享自己的教学经历和遇到的问题，互相启发，寻找共同的教学难点。通过这种方式，不仅能够丰富问题的来源，还能增强教师之间的沟通和合作，提高问题收集的广泛性和多样性。

在人工智能新时代，问诊式校本研修应顺应现代化教育趋势，鼓励教师利用现代化教育手段，如可以在各大在线论坛和社交媒体等平台，进行问题的记录和分享。这些平台不仅为教师们提供了一个便捷的记录工具，还能通过网络的传播效应，让更多的教师参与到问题的讨论中来。通过线上线下相结合的方式，使问题的收集更加全面和高效。

同时，为了确保问题收集的持续性和系统性，学校应制定相关的激励措施，鼓励教师积极参与问题的记录和提交。例如，可以设立每月的"最佳问题""最佳解答""最积极参与"等奖项的评选，对积极提交和交流解答问题的教师进行奖励和表彰。这不仅能激发教师的积极性，还能形成一种良好的教研氛围，使问题收集、问诊和解答成为教师日常教学实践中的一个重要环节。

从日常教学实践中创建问题合集，不仅能帮助教师们更好地反思和改进教学，还能为后续的问诊式校本研修提供丰富的素材和基础。在这个过程中，教师们不断发现问题、提出问题、解决问题，进而实现自我提升和共同成长。通过持续的问题收集和研讨，学校的教学质量也将得到不断的优化和提升，真正实现以问题为导向的校本研修目标。

2. 由教研团队负责问题的记录与收集

在问诊式校本研修中，教研团队在问题的记录与收集方面扮演着关键角色，以确保问题记录的准确性和全面性。

由教研团队负责问题的收集记录可以从以下三个关键词展开：

其一是"系统"。教研团队应建立统一的记录系统，这个系统可以是电子表格、数据库或专门的教研记录软件，用于详细记录每个教师提交的问题。记录系统应包括问题的详细描述、教师姓名、问题背景、尝试解决的方法及后续影响等信息，从而为后续的分析和研讨提供可靠的数据支持。

其二是"持续"。教研团队应建立定期检查和汇总机制，以确保问诊式校本研修的持续性。例如，每周或每月定期检查教师提交的问题记录，确保所有问题及时记录和更新，并进行初步分类和整理，找出共性问题和个性问题。这不仅帮助教研团队全面了解教师在教学中遇到的难题，还为后续的集体研讨和问题解决提供基础。

其三是"沟通"。教研团队应积极与教师保持沟通，了解他们在问题记录和提交过程中的困难和需求。通过定期座谈会或问卷调查，教研团队可以了解教师们对问题记录系统的使用情况和改进建议，不断优化记录和收集流程，提高问题记录的效率和质量，确保所有问题完整、准确地记录下来。

此外，教研团队还需承担问题审核和初步筛选的职责。对教师提交的问题进行审核，确保问题描述清晰、信息完整，并剔除重复或无效的问题。对于复杂或涉及多个方面的问题，教研团队需进行初步整理和分类，以便后续深入分析和讨论。

通过教研团队的努力，问题的记录与收集将更加系统和高效。这不仅帮助教师更好地反思和改进教学，还为学校整体教学质量的提升提供坚实基础。教研团队的专业支持和系统管理，使得问诊式校本研修能够科学、有序地推进，不断实现教育教学的创新和突破。

3.利用数字化工具进行问题的筛选与分类

在问诊式校本研修中，数字化工具的应用能够大幅提升问题筛选与分类的效率和准确性。

如专注教育领域的软件"希沃",以助力教师成长,提升教学教研质量为目标,构建教学教研数字化应用。目前希沃数字化教研在教师发展方面累计服务教师800多万人,线上课程有4万多节,在线讲师有1万多位。希沃教研方面旨在帮助教师全面洞察教学薄弱环节,驱动教师改进教学实施,促进课堂教学质量提升。

通过教育管理软件,教研团队可以将教师提交的问题自动导入系统,并利用预设的关键词和分类规则,对问题进行自动筛选和分类。例如,系统可以根据问题的性质,自动归类为教学方法、学生管理或课堂互动等类别,从而帮助教研团队快速识别出共性问题和关键难题。

教研团队还可以利用数字化工具进行数据分析,生成问题的趋势图、分布图等,帮助教研团队掌握不同时间段和学科领域的问题动态。这些分析结果不仅为制定解决方案提供科学依据,还能揭示潜在的教学问题。

此外,数字化平台还支持在线协作,教师和教研团队可以实时交流,分享解决问题的经验,确保每个问题都得到及时跟进和反馈。通过数字化工具的应用,校本研修的流程将更加高效,也将持续推动学校教学质量的改进。

(二)提炼共性:问题的诊断与研讨

1. 问题提出者主动与教研小组初步分析

在问诊式校本研修中,问题提出者与教研小组的初步分析是解决教学问题的关键环节。首先,问题提出者应主动与教研小组对接,详细阐述问题背景和当前困惑。通过面对面的交流,教研小组可以更全面地理解问题的具体情况,抓住问题的核心。

在初步分析过程中,教研小组成员可以根据自己的经验和专业知识,对问题进行细致剖析,并提出初步的改进建议。通过这种互动方式,问题提出者能够获得更多的视角和见解,从而拓宽解决问题的思路。同时,教研小组也能从中发现教学中的普遍问题,为后续的共性问题提炼和解决奠定基础。

在这一环节,教研小组应重点关注问题的本质,找出共性因素,并尝试通过已有的教学理论和实践经验进行解释和验证。初步分析的结果应详细记录在案,为后续的专家介入和问题的深入研讨提供参考依据。

通过这种主动对接和初步分析,问题提出者与教研小组能够形成良好的互动和合作关系,共同为提升教学质量而努力。这一环节不仅有助于快速定位和诊断教学问题,还为后续的系统性研讨和解决方案的制定提供了坚实的基础。

2. 专家介入指导并提出针对性建议

在问题初步分析后,专家的介入至关重要。专家作为外部的教育资源,能够为问题提供更专业和深刻的见解。他们通常具备丰富的教学经验和理论知识,能够从更高的层面上审视问题,提出具有针对性的指导意见。

专家介入需遵循一定程序,首当其冲的便是专家需要全面了解教研小组和问题提出者的初步分析结果,并结合自己的专业知识对问题进行进一步的诊断。在此过程中,专家会关注问题的根本原因和潜在的影响因素,帮助教研团队和教师更清晰地理解问题的本质。接着,专家会根据诊断结果,提出具体的改进建议和实施策略。这些建议可能涉及教学方法的调整、课堂管理的改进、学生个体差异的关注等方面。专家的指导不仅为问题的解决提供了切实可行的路径,还为教研团队和教师的专业发展提供了宝贵的学习机会。此外,专家的介入也有助于提升教研团队的信心和能力。在专家的指导下,教研团队能够更有方向性地开展后续的研讨和实践活动,从而逐步形成系统化的解决方案。

通过专家的介入和指导,问诊式校本研修的效果得以显著提升。专家提出的针对性建议,不仅为具体问题的解决提供了明确的方向,也为学校整体教学质量的提升提供了强有力的支持。

3. 教研团队形成初步的解决方案

在专家介入并提出针对性建议后,教研团队需要结合这些建议,制定出初步的解决方案。首先,教研团队应对专家的建议进行深入讨论和分析,明确哪些策略和方法适合当前的教学环境和具体问题。在讨论过程中,教研团队成员需要结合自身的教学实践和经验,对专家的建议进行本地化和具体化。通过集体智慧,团队可以将理论与实际相结合,制定出既科学又可行的解决方案。这个方案应包括具体的实施步骤、所需的教学资源、时间安排以及预期效果等内容。同时,教研团队应充分考虑到教师的实际需求和学校的具体情况。解决方案应具有操作性和灵活性,以便教师在实际教学中能够有效应用。例如,如果问题涉及课堂管理,解决方案可能包括新的管理策略、课堂活动设计以及学生反馈机制等。在形成初步解决方案后,教研团队需要制订一个试点计划,选择部分班级或教师进行方案的试行。通过试行,可以验证方案的有效性,并根据反馈进行必要的调整和优化。这一过程不仅有助于确保方案的可行性,还为后续的大规模推广提供了宝贵的实践经验。

最终,教研团队将形成一个完善的解决方案,并在全校范围内推广实施。通过不断反思和改进,这些方案将持续提升学校的教学质量,促进教师的专业发展,最终实现教育教学的全面进步。

(三)发挥合力:问题的总结与解答

1. 专家引领下的理论基础深化

在问题的总结与解答过程中,专家引领下的理论基础深化是关键一步。专家的专业知识和研究背景为教研团队提供了坚实的理论支撑。专家需要对问题的背景、现象和影响进行深入分析,并结合教育理论和最新研究成果,阐述问题的本质和解决路径。

专家引导教研团队通过文献阅读和专题研讨等方式,进一步深化对相关理论的理解。例如,专家可以推荐相关的学术文章、书籍和研究报告,帮助团队成员拓宽视野,提升理论水平。同时,专家通过讲座、研讨会等形式,深入浅出地讲解复杂理论,使团队成员能够更好地将理论与实践相结合。

在专家的指导下，教研团队应学会运用科学的研究方法，对问题进行系统的分析和解决。这包括数据收集与分析、案例研究和行动研究等。通过理论与实践的紧密结合，团队成员不仅能够提升自身的专业素养，还能为学校教学问题的解决提供更加科学和系统的方法。此外，专家还应鼓励教研团队进行跨学科合作和多角度思考。通过整合不同学科的理论和方法，教研团队能够更全面地理解和解决教学问题。专家的引领和指导，帮助团队成员建立起坚实的理论基础，使得问题的解决更加科学和有效。

通过专家引领下的理论基础深化，教研团队不仅能够更好地理解和解决当前教学中的问题，还能为未来的教育教学研究和实践奠定坚实的基础。专家的专业指导，使得教研活动更加深入和系统，为学校教学质量的提升提供了强有力的理论支持。

2. 同伴互助中的经验分享交流

在专家引领下的理论基础深化后，同伴互助中的经验分享和交流是解决教学问题的重要环节。教师们在教学实践中积累了丰富的经验，通过互相分享和交流，可以共同探讨问题的解决方法，取长补短，提升整体教学水平。

首先，教研团队应定期组织经验分享会或研讨会，邀请各年级和各学科的教师参与。每位教师可以分享自己在教学中遇到的问题及解决方法，讨论过程中其他教师可以提供反馈和建议。这种互动不仅帮助教师们发现新的教学策略，还能从同伴的成功经验中获得启发。

其次，教研团队可以设立专题小组，根据不同的教学问题和主题进行深入探讨。小组成员定期交流，分享各自的实践经验和反思，共同寻找最佳解决方案。例如，针对课堂管理问题，小组成员可以分享不同的管理策略，并结合实际案例进行分析和讨论。

通过同伴互助，教师们可以相互学习，不断改进教学方法。同时，这种合作与交流也增强了教师间的团队凝聚力和合作精神，为学校营造了积极向上的教学氛围。

此外，教研团队应注重记录和整理这些经验分享的内容，将其形成文字材料或视频资料，供其他教师学习和参考。这不仅有助于知识的传播和积累，还为后续的教研活动提供了宝贵的资源。

通过同伴互助的经验分享和交流，教师们能够更好地应对教学中的挑战，提高教学效果，促进学生的全面发展。集体的智慧和力量，使得问题的解决更加高效，从而实现凝聚合力，共促发展的目标。

3. 个体反思后的解决方案生成

解决方案应该是普遍性与特殊性的统一，在专家引领和同伴互助的基础上，个体反思后的解决方案生成是关键。每位教师在集体讨论和交流后，需要结合自身教学实际，对所学理论和经验进行深度反思，形成适合自身情况的解决方案。

吸收是前提。教师应对专家的建议和同伴分享的内容进行整理，筛选出最适合自己班级和教学环境的方法和策略。通过这种个体化的反思，教师可以更好地理解问题的根源，并找到针对性的解决路径。

实践是关键。教师应将这些反思和改进策略付诸实践。在教学过程中，教师需要持续观察和记录学生的反应和教学效果，及时调整和优化方案。通过这种不断的反思和改进，教师能够逐步完善自己的教学方法，提升教学质量。

反思是必备。教师应将自己的反思过程和解决方案记录下来，形成系统的教学日志或反思报告。这不仅有助于自身的专业成长，还为学校的教研活动提供了宝贵的经验和案例。

个体反思后的解决方案生成，不仅是对前期理论学习和经验交流的总结和应用，更是教师专业发展的重要途径。通过个体化的深度反思，教师能够不断提升自身的教学能力，为学生提供更优质的教育服务。

最终，通过专家引领、同伴互助和个体反思相结合，教研团队能够形成系统化、科学化的解决方案，有效解决教学中的实际问题，推动学校教学质量的全面提升。

## (四)面向实际:问题的实践与反思[①]

### 1.方案落地,开展实践活动

在问诊式校本研修的实施过程中,方案的落地与实践活动的开展是将理论转化为实践的关键步骤。有效的实践活动不仅是验证理论假设的重要途径,更是教师专业发展中不可或缺的环节。方案要可行,就必须基于研修过程中识别出的具体教学问题,确保其具有针对性和可操作性。方案落地的过程,实际上是一个将抽象的教育理论与教师的日常教学实践紧密结合的过程。在这一过程中,教师不仅是方案的执行者,更是主动的实践者,他们在真实的教学情境中应用、检验和反思研修成果。

实践要落地,就遵循渐进性与层次性的原则开展活动。从小范围的试点到全校范围的推广,应逐步推进,以确保在实践过程中及时发现并解决问题。在这一过程中,学校管理者和教育专家应发挥指导作用,提供必要的支持与资源,确保实践活动的顺利开展。同时,教师间的合作与互助亦是至关重要的,通过集体备课、观摩评课等形式,教师可以在共享经验与反思中深化对方案的理解与运用。

效果要长期有效,方案的落地不仅仅是简单的执行过程,更是一个动态的反馈与调整过程。教师应在实践中不断进行反思,总结经验教训,以提升教学实践的有效性与创新性。正如杜威在其教育理论中所强调的那样,教育的实质在于行动,只有在实际的教学情境中,教师才能真正理解并掌握教学策略,从而实现自身的专业成长。

### 2.多元评价,结合不同视角

在问诊式校本研修过程中,多元评价的引入是实现研修成果科学性与全面性的重要保障。评价不仅是对研修实施效果的检验,更是对教师专业发展的深度反思。从主体上看,多元评价应基于不同的视角进行,既包括

---

① 王光伟.基于质性评价的有效教师校本研修初探[J].教育测量与评价(理论版),2011(02):31-34.

内部参与者如教师、学生、学校管理者的反馈，也应融入外部专家的专业评估。这种多元视角的评价能够有效避免单一视角带来的片面性和局限性，从而确保评价的客观性与全面性。

从差异上看，多元评价的过程应充分考虑到教师的个体差异与专业发展需求。评价标准应综合考虑教师的教学经验、研修参与度及对新理念的实践运用能力。这种差异化的评价方式不仅能够激发教师的内在动力，还能在评价中发现教师专业发展中的实际需求，从而为后续研修的改进提供依据。

从方法上看，多元评价的形式应多样化，包括定量分析与定性反馈相结合、过程性评价与结果性评价相结合。通过课堂观察、学生反馈、同行互评、教学成果展示等多种形式，评价可以更加全面地反映教师在研修过程中所取得的进步与存在的不足。多元评价的实施不仅有助于教师个人的专业成长，还为学校整体教学质量的提升提供了有力支持，最终推动校本研修的不断深化与完善。

3. 总结提升，制定改进措施

在问诊式校本研修的实施过程中，总结提升和制定改进措施是巩固研修成果、推动教师专业发展的关键步骤。总结提升不仅是对研修过程的系统回顾，更是对实践活动中的成功经验与存在问题进行深入分析和反思的重要环节。通过对实践活动的系统总结，教师能够清晰地发现教学中的亮点与不足，进一步深化对教育理论和教学策略的理解。

以多元评价的结果为依据，全面分析研修的成效与不足之处。教师可以通过个人反思、集体讨论等方式，对研修过程中的经验进行提炼，并将其转化为可供推广和应用的教学策略和方法。这一过程不仅有助于教师巩固已有的研修成果，还能为下一步的教学改进提供明确的方向。

以问题为导向，结合总结提升中发现的关键问题，针对性地设计和实施改进方案。这些措施应具有可操作性和实践性，确保教师在日常教学中能够切实应用，并逐步优化教学效果。同时，制定改进措施还应考虑到教师的个体差异与学校的实际情况,确保其具有广泛的适应性和推广价值。

从校本研修的成功经验看,措施的实施应是一个持续的过程,通过定期的反馈与调整,不断完善和优化教学实践。正如杜威所提倡的"在做中学",在实践中总结,在反思中提升,方能实现教师的专业成长与教学质量的持续改进。总结提升和制定改进措施不仅是对研修成果的深化和巩固,更是推动教育实践创新与教师专业发展的重要路径。

### 三、问诊式校本研修实施价值

#### (一)发展为先:有效提升教师专业素养

教师的专业素养不仅决定了教育教学的质量,更是推动教育改革与创新的关键因素。在问诊式校本研修模式下,教师的发展被置于首要地位,通过系统化、个性化的研修活动,教师得以在实际教学中不断深化其专业能力与教学实践。

问诊式校本研修强调教师的主体性,将教师置于研修的中心位置,使他们在具体问题的诊断与解决过程中,真正成为教学研究的主导者。通过不断地实践与反思,教师能够将研修中的理论知识内化为个人的教学智慧,从而有效提升其专业素养。

问诊式校本研修注重实践中的学习与反思,通过真实的课堂情境和教学问题的解决,教师能够在研修中发现自身的不足并获得及时的反馈。通过这种循环往复的研修过程,教师不仅能够不断提升专业能力,还能增强对新教育理念的理解与应用能力。

问诊式校本研修还鼓励教师之间的协作与交流,通过团队合作、同伴互助和经验分享,教师能够在集体研修中互相启发,共同进步。这种基于集体智慧的研修方式,不仅有助于教师个体专业素养的提升,还能促进整个教师团队的专业发展。

问诊式校本研修通过系统化的研修设计与实施,使教师在专业素养上获得全面提升,为教育教学质量的提高和教育改革的深化提供了坚实的支持。教师的专业素养不仅决定了教育教学的质量，更是推动教育改革与创新的关键因素。在这一研修模式下，教师的发展被置于首要地位，通过系统化、个性化的研修活动，教师得以在实际教学中不断深化其专业能力与教学实践。

此外，基于乡村振兴视域下的问诊式校本研修，格外适合资源匮乏、信息闭塞、地域偏僻的农村学校。该模式的运用不仅解决了教师在实际教学中遇到的问题，还为教师提供了一个展示自我的平台。通过问诊式校本研修，教师不仅能够学习理论知识，还能提高教学技能，从而有效促进教育教学质量的提升。①

（二）凝聚合力：促进教研主体间交流共建

通过这种研修模式，学校内部的教研力量得以有效整合，形成一个多主体共同参与的教学研究生态。在这一过程中，教师、教研员、学校管理者以及外部专家等各类主体通过协同合作，推动教学研究的深入与创新，从而实现教学质量的全面提升。

首先，问诊式校本研修为教研主体之间的深度交流与合作提供了平台。通过共同参与问题诊断、方案设计、实践实施与评价反馈等环节，不同教研主体之间能够在具体的教学问题上进行深入探讨与合作。这种跨主体的协作，不仅有助于打破学科壁垒，还能够激发各方智慧，形成丰富多元的教学研究成果。其次，问诊式校本研修促进了教师之间的专业互动与知识共享。在这一研修模式下，教师不仅是参与者，更是贡献者，他们通过分享各自的教学经验和研究成果，能够在集体交流中实现共同成长。这种合作学习的模式，增强了教师团队的凝聚力，也提升了教研活动的整体效能。此外，外部专家的参与为教研活动注入了新的视角和理念，通过与学校内

---

① 李志强，王慧."问·诊·磨"校本教研模式初探[J].教育科学论坛，2009(06):25-26+4.

部主体的合作，能够为教学研究提供更为科学的指导与支持。专家的参与不仅提升了研修活动的专业性，也为学校的教学改革提供了强有力的智力支持。

通过凝聚合力，问诊式校本研修能够有效促进教研主体间的交流共建，形成一个持续改进的教研共同体。这不仅有助于提高教学质量，还为学校的整体发展提供了重要保障。

### （三）成果导向：促进教学质量提升

成果导向是问诊式校本研修的核心驱动力之一。以成果为导向的研修模式，将教学质量的提升作为最终追求，通过系统的研修设计和实施过程，帮助教师不断优化教学实践，提升教育成效。

首先，问诊式校本研修以实际教学成果为评价依据，确保研修活动的实效性与针对性。在这一模式下，研修的每个环节都紧密围绕教学实际问题展开，从问题的发现、分析到解决方案的实施，教师能够在真实的教学情境中检验和反思自己的教学方法。通过不断地实践与调整，教师能够形成行之有效的教学策略，从而实现教学质量的逐步提升。其次，成果导向的研修模式强调数据驱动的改进过程。通过收集和分析学生学习表现、课堂教学效果等关键数据，能够客观地评估教学活动的成效，并据此调整教学方法和策略。这种基于数据的反思与改进，有助于教师在研修过程中不断完善自己的教学实践，实现教学质量的可持续提升。此外，问诊式校本研修还鼓励教师将研修成果应用于日常教学中，通过实际操作检验研修的有效性。这种强调实践应用的研修方式，可以使教师能够更好地将理论与实践结合，从而提升教学质量，还可以照顾到学生的学习体验和成长。

总之，问诊式校本研修以成果为导向，通过系统的研修活动，推动教师在教学实践中不断改进和提升，最终实现教学质量的全面提升。这种以成果为中心的研修模式，既为教师专业发展提供了方向，也为学校的整体教育水平的提升奠定了坚实基础。

## 第三节 问诊式校本研修关键

问诊式校本研修的关键在于理论先导、以校为本和平台建立等方面。首先，提升观察诊断技术是关键，通过引入先进的教育理论与实践经验，帮助教师建立科学的教学判断标准，确保其教学实践更加符合教育发展规律和学生成长需求。其次，研修方案必须立足学校的独特性，尊重和发掘学校自身的教育资源与教学经验，形成具有校本特色的研修方案。此外，构建校本研修的网络，通过校际联动与协作，打造一个覆盖广泛的教师研修平台，特别关注农村教师的专业成长。通过这些策略，问诊式校本研修能够有效提升教师的专业素养和教学质量。

### 一、问诊式校本研修之理论先导

提升问诊式校本研修的关键在于提升观察诊断技术。教师为什么意识不到教学中的问题？其中有一大部分原因是教师对学科教育的本质与教育原理的内涵存在认识上的偏差；教师对教学行为的判断，大多建立在原有经验的基础上，缺少先进理论与先进经验的引领；缺乏一种能够帮助教师意识到理想与现实差距的指导机制；教师教育观念的变革，有一个理念向行为转变的质性评价过程。

要全面提升问诊式校本研修的效果，关键在于强化教师的观察诊断技术，并通过理论引导来填补现存的不足。教师往往难以察觉教学中的问题，这一现象不仅源于其对学科教育本质与教育原理的认识偏差，更在于其教学行为的判断多依赖于个人经验，缺乏系统的理论支撑。为了应对这一问题，必须通过引入先进的教育理论与实践经验，帮助教师建立科学的教学判断标准，确保其教学实践更加符合教育发展规律和学生成长需求。

教师在教学中的问题意识薄弱，往往源于他们缺乏对教育本质的深刻理解。由于长期处于教学第一线，教师通常依赖于个人经验和既有的教学模式，而这些模式未必能够适应新形势下的教育需求。教师容易将这些经验视为绝对正确，因而在面对新问题时，可能忽视对问题根源的深入探讨和分析。这种现象在很大程度上限制了教师专业素养的提升和教学效果的改进。因此，迫切需要通过理论引导，帮助教师超越自身经验的局限，建立更为系统和科学的教学观念。

理论引导在问诊式校本研修中的作用尤为关键。先进的教育理论不仅能够为教师提供更为全面的教学视角，还能够帮助他们形成对教学问题的敏锐洞察力。在这个过程中，教师需要不断学习和理解教育学、心理学、课程与教学论等方面的最新理论成果，并将这些理论与自身的教学实践相结合。理论不仅是一种工具，更是一种启发，它能够引导教师从新的角度审视教学现象，发现潜在的问题，并为其提供解决问题的有效方法。

此外，教师观念的转变并非一朝一夕之功。教育观念的革新往往需要一个从理念到行为的转化过程，这一过程需要通过不断的实践和反思来实现。在这一过程中，质性评价发挥了重要作用。质性评价不仅关注教师的教学结果，更关注其教学过程和行为的转变。通过这种评价方式，教师能够更好地理解教育理念，并将其转化为具体的教学实践。

总之，要提升问诊式校本研修的效果，关键在于通过理论引导，强化教师的观察诊断技术，并通过质性评价、实践反思和合作学习等方式，不断提升教师的专业素养。这种理论与实践相结合的方式，既能够提升教师的教学能力，也为整个教育体系的改进提供了坚实的基础。通过这种持续不断的研修活动，教师能够在专业素养上获得全面提升，从而更好地适应教育改革的要求，为学生提供更加优质的教育服务。

## 二、问诊式校本研修之以校为本

### （一）研修方案立足校本，守好"校味"

研修方案立足校本，守好"校味"这一核心，是问诊式校本研修的关键所在。在这一过程中，"校味"的突出不仅仅是形式上的象征，更是实质上的实践。这意味着每一所学校在制定研修方案时，必须充分考虑本校的独特性，包括学校的文化背景、教育资源、教师团队的特点以及学生的实际需求，做到一校一案。

"校本"理念的核心在于尊重和发掘学校自身的教育资源与教学经验，从而形成具有校本特色的研修方案。每所学校的教育环境和教学目标都有其独特性，因此，统一的研修方案难以全面覆盖所有学校的需求。正因如此，"一校一案"成为研修方案设计的必然选择。通过这种方式，每所学校能够根据自身的实际情况，量身定制适合本校发展的研修方案，确保研修活动的针对性和有效性。

突出"校味"的研修方案不仅能够更好地契合学校的实际需求，还能激发教师的参与热情。通过研修方案的校本化设计，教师能够更直接地感受到研修活动与自身教学实践的紧密联系，从而提升研修的积极性和实效性。此外，校本化的研修方案还能够推动学校整体教学质量的提升，为教师专业发展和学生全面发展提供更为坚实的基础。

总之，"一校一案"的研修方案设计理念，立足于校本特色，尊重学校的个性化需求，为问诊式校本研修提供了科学合理的实施路径，确保每一所学校都能够在研修活动中获得最大收益。

## （二）研修目标立足校本，实现学校总目标与教师个人目标的统一

研修目标立足校本是确保问诊式校本研修取得实效的关键步骤。在设计研修目标时，应紧密结合学校的教学实际进度和具体要求，既要有整体性的学校研修总目标，也需明确到每位教师的个体研修目标。这样的设计不仅能确保研修活动的方向性，还能促进教师个体专业发展的深入和持续。

学校研修总目标的设定应着眼于学校整体教学水平的提升和教育质量的优化。这需要学校管理者在深刻理解学校教育教学现状和未来发展需求的基础上，设定切实可行的研修总目标。这些目标应该反映学校的教育理念、教学特色以及学生发展的实际需要，从而引导全校教师在研修过程中

形成统一的教学方向和目标。

然而，单一的学校研修总目标无法完全满足每位教师的个体需求。因而，在整体目标框架下，明确教师个人的研修目标显得尤为重要。这些个人目标应根据教师的专业发展阶段、学科特点和教学实践中遇到的具体问题进行设定。通过这种个性化的目标设定，教师能够更加专注于自身教学中的实际问题，积极参与研修活动，提升专业能力。

研修目标立足校本，不仅体现了对学校教育教学实际的尊重，也为教师的专业成长提供了切实可行的路径。这种目标设计模式，兼顾整体与个体，为问诊式校本研修的有效实施奠定了坚实基础，确保每位教师都能在研修过程中实现自身的专业发展目标，并在实践中推动学校整体教育质量的提升。

### （三）研修质量检测立足校本，在跟踪考核中把握

可出台教师月考评，即平时考核制度，配套超额绩效奖励教师日常研修工作。也可设立奖项激励教师聚焦学生成长，提升学习质量。最重要的是要出台研修团队评价方案，将教师个人成长绩效与团队组织绩效捆绑评价，促进评价从功利取向转向幸福导向。[1]

教师月考评制度可以通过定期考核教师的研修参与度、研修成果转化效果等指标，形成对教师日常研修工作的全面评价。这种考核机制不仅能够帮助教师明确自身的研修进展，还能够通过绩效奖励的方式，激励教师在日常工作中积极参与研修活动，推动教师专业能力的持续提升。

此外，学校可以设立专门的奖项，激励教师将研修成果应用于教学实践，聚焦学生的成长与学习质量的提升。通过这样的激励机制，教师不仅能够更好地将研修与教学实践相结合，还能够形成良性的竞争氛围，推动全校教学质量的整体提升。

---

[1] 郭先富.嵌入式研修:内涵、特征与路径探析:以重庆融汇沙坪坝小学基于工作场的校本研修变革为例[J].教育理论与实践，2021，41(20):34-36.

最为关键的是，学校应出台研修团队评价方案，将教师个人的成长绩效与团队的组织绩效捆绑在一起进行评价。这种捆绑评价机制能够有效促进教师间的合作，推动评价从单纯的功利取向向关注教师幸福感的导向转变。通过这种方式，教师能够在团队合作中获得成就感和幸福感，从而更加积极地投入研修与教学中，最终实现个人成长与团队发展的双赢。

总之，研修质量检测立足校本，通过多层次、多维度的评价机制，确保教师研修活动的实效性和持续性，为教师的专业发展和学校整体教育质量的提升提供有力保障。

### 三、问诊式校本研修之平台建立

（一）以点为始：课堂教学培训是教师校本研修的教育平台[①]

以点为始，课堂教学培训作为教师校本研修的教育平台，既是教师专业发展的起点，也是教育改革实践的核心。课堂教学培训不仅是对教师教学技能的提升，更是对教学理念、教学方法和教学实践的深度探索。通过在课堂教学培训中建立校本研修的平台，教师得以在实践中反思与成长，从而不断优化自身的教学能力和教育理念。

课堂教学培训作为校本研修的核心平台，能够为教师提供一个系统学习与交流的机会。在这一平台上，教师可以通过参与教学示范课、教学观摩、课例研讨等形式，深入理解和掌握先进的教学理论与方法。同时，课堂教学培训也为教师提供了实践与反思的机会，使其能够在真实的教学情境中应用所学，发现问题并寻求解决方案，从而不断改进教学实践。

以课堂教学培训为基础的校本研修平台，强调以点带面，通过具体的教学案例和教学实践，推动全校教师的专业成长。这种培训模式不仅关注教师个人的教学技能提升，还注重促进教师之间的合作与交流，形成一个

---

① 王光伟.基于质性评价的有效教师校本研修初探[J].教育测量与评价(理论版),2011(02):31-34.

以课堂为中心的学习共同体。在这一过程中,教师不仅能够相互学习和借鉴,还能够在教学实践中不断创新,为学生的全面发展提供更优质的教育服务。

总之,课堂教学培训作为教师校本研修的教育平台,通过"以点为始"的方式,逐步拓展教师的专业发展路径,为实现学校整体教育质量的提升奠定了坚实的基础。

（二）以点带面：构建校本研修的网络

校本研修互助培训网是以校际联动为主要方式、以基地校为主要研修基地的互助式研修"网络",是面向广大中小学教师特别是农村教师开展的一项教师研修成长的校际研修活动。通过校本研修互助培训网,强化校际、片际及区域间的研讨交流活动,因地制宜,最大程度为教师专业发展服务。[①]

以点带面,构建校本研修的网络,是深化问诊式校本研修的重要策略。校本研修互助培训网通过校际联动与协作,以基地校为核心,打造了一个覆盖广泛的教师研修平台,特别是为中小学教师,尤其是农村教师的专业成长提供了坚实的基础。这种研修网络不仅提升了教师个体的教学能力,也促进了区域教育质量的均衡发展。

校本研修网络的构建,强调通过校际、片际和区域间的紧密合作,形成一个开放的、互动的研修共同体。在这一共同体中,教师可以通过参与跨校际的教学观摩、经验分享、专题研讨等活动,丰富自己的教学视野,借鉴他校的成功经验,弥补自身教学中的不足。基地校作为核心节点,通过提供高质量的研修资源和指导,发挥引领和辐射作用,带动周边学校教师共同成长。

---

① 王福华.校本研修互助培训网的流程设计:以主题研讨形式为例[J].大连教育学院学报,2015,31(04):53-54.

这一研修网络特别关注农村教师的专业发展，通过区域性联动和资源共享，打破了城乡教育发展的不平衡，提升了农村教师的教学能力和教育水平。通过这种互助式的校本研修模式，教师不仅能够获得更多的专业支持，还能在实际教学中实现知识的转化和应用。

最终，校本研修互助培训网的构建，不仅促进了教师的专业成长，也推动了校际间的合作与资源共享，形成了一个动态、协作的教育生态系统。通过"以点带面"的方式，最大限度地为教师的专业发展服务，推动教育质量的整体提升，实现教育公平与优质资源的广泛覆盖。

**四、问诊式校本研修之主体联动**

（一）专家引领，提升研修水平

在问诊式校本研修中，专家引领作为关键环节，对提升研修水平起到了至关重要的作用。专家为主导的引领性活动要与教师日益个性化、多元化的学习需求充分对接。

专家不仅是教育理论的深度研究者，更是实践经验丰富的教育工作者，他们的指导能够有效地将理论与实践相结合，为教师的专业发展提供方向性指导与技术性支持。通过专家引领，校本研修的水平得以显著提升。专家可以根据学校的具体需求与教师的实际情况，提供针对性的研修方案和指导，帮助教师深入理解和运用先进的教育理念与教学方法。专家的引导不仅限于理论讲授，还包括通过示范课、课例研讨、现场指导等多种形式，帮助教师在具体的教学情境中发现问题、分析问题并解决问题。这样，专家引领不仅提升了教师的理论素养，也增强了他们在实际教学中的应用能力。

此外，专家的参与还为教师的研修提供了外部的视角与专业的评价标准，这种外部视角能够打破教师在自我研修中可能产生的固化思维，帮助教师在更广阔的教育视野中反思和改进自己的教学实践。专家引领通过构建起校本研修的"智库"，为教师提供持续的专业支持，确保研修活动的高质量和实效性。

在问诊式校本研修中，专家引领是提升研修水平的重要保障。通过专家的深度参与，教师能够在理论与实践的结合中不断提高自身的专业素养，从而推动整个学校的教育质量不断提升。

（二）人人参与，同伴互助

在问诊式校本研修中，打破传统独白式教学思维，是迈向集体决策的关键举措。这一策略的核心在于通过教师之间的合作与交流，激发集体智慧，从而实现更具深度与广度的教育变革。

人人参与的理念强调，每位教师都是校本研修的主体，教师不仅是研修的受益者，更是研修活动的推动者和贡献者。通过广泛参与，教师们能够共同分享教学经验，探讨教学难题，在集体的智慧中寻找最佳的教学策略。这样一种参与模式，不仅能够增强教师的主人翁意识，还能促进他们之间的互助与合作，形成良好的学习共同体。

同伴互助作为一种高效的研修方式，强调教师在互相支持、互相学习的过程中共同成长。通过同伴互助，教师能够在日常的教学实践中相互观摩、评价与反馈，从而及时发现教学中的问题，并共同探讨解决方案。这种互动与交流，不仅有助于教学方法的改进，还能有效地推动教师的专业发展。集体决策的优势在于多元视角的汇聚与思想的碰撞。在这一过程中，教师通过集体研讨与协商，能够更加全面、客观地分析教学问题，形成更加科学和合理的决策。这种决策过程不仅提升了研修活动的针对性与实效性，也为学校整体教学水平的提升提供了重要支持。

告别独白思维，走向集体决策，通过人人参与，同伴互助，问诊式校本研修能够更好地发挥教师集体的智慧与力量，推动学校教育质量的全面提升。

（三）带头指引，有效沟通

在问诊式校本研修中，提升教研领头人的专业领导力，实现教研团队间的有效"对话性沟通"十分重要。教研领头人作为教研团队的核心力量,不仅是教学研究的推动者,更是教师之间沟通与协作的桥梁与纽带。他们的领导力直接影响着校本研修的深度和广度。

提升教研领头人的专业领导力,首先需要明确他们在研修中的引领作用。教研领头人应具备较高的专业素养和教学智慧,能够通过自身的示范引领,激发教师的研修热情与创造力。在他们的带领下,教师们能够更加自信地参与到教学研究与实践中,形成浓厚的学术氛围和积极的研修文化。

实现"对话性沟通"是教研领头人发挥领导力的关键。对话性沟通不同于传统的单向信息传递,它强调的是在平等、开放的氛围中进行思想的交流与碰撞。教研领头人通过营造一种包容性的对话环境,鼓励教师自由表达观点,分享经验与见解,从而共同探讨与解决教学问题。这种对话不仅有助于教师们在研修中的深度参与,还能促进团队内部的信任与合作,形成强大的教学共同体。

有效沟通还要求教研领头人具备敏锐的洞察力与协调能力,能够在对话中捕捉到教师们的真实需求与困惑,并及时给予指导与支持。通过这种双向互动的沟通方式,教研领头人能够更好地调动教师们的积极性与主动性,确保研修活动的有效性和持续性。

总而言之,带头指引与有效沟通是提升教研领头人专业领导力的核心手段。通过实现"对话性沟通",教研领头人能够引领教师团队在研修中不断突破与成长,最终实现教育质量的整体提升。

(四)倡导群体合作、欢迎异质人员参与

校本研究与课例研究紧密相连,可纳入整个学科备课组乃至教研组参与,有条件还可以邀请学科教研员、区域科研指导者参加,甚至可以邀请高校及其他层面的专家介入指导。在成熟的课例研究中,跨学科、跨学段以及跨界的异质人员参与合作已经是共识。[①]

在问诊式校本研修中，倡导群体合作与欢迎异质人员参与，是实现多元化视角和创新思维的重要策略。通过构建开放的研修平台，集聚多样化的思想与经验，学校可以形成更加全面和深入的教育改进方案。

群体合作强调教师间的协作与共同成长。在这一过程中，教师们通过共同的研修目标，打破学科和年级的界限，形成多学科、多年级的跨界合作。通过群体合作，教师们能够共享教学资源，互相支持与补充，形成强大的合力。这种合作不仅提高了教学活动的实效性，也增强了教师团队的凝聚力。

异质人员的参与为研修注入了新的活力与视角。不同背景、不同领域的人员参与研修活动，可以为教师们提供多元的观点与经验。这些参与者包括其他学校的教师、教育专家，甚至家长和社区成员，他们的不同视角能够启发教师们跳出传统框架，以更加开放和创新的方式思考教育问题。通过引入异质人员，教师们可以在多样化的对话中激发创造力，发现新的教学方法和策略。同时，异质人员的参与也能促进学校与外部社区的紧密联系，形成一个相互支持、共同发展的教育生态系统。通过多元视角的汇聚和协作，教师们能够在研修过程中不断创新和进步，推动学校教育质量的全面提升。此举不仅促进了教师的专业成长，也为学生提供了更加丰富和多样化的学习体验。

### 五、问诊式校本研修之成果展示

**（一）青蓝帮带，以成长小组为展示组合**

在问诊式校本研修的成果展示中，青蓝帮带作为核心模式，通过成长小组的形式充分体现研修的成效与价值。研修成员可以按照能力水平划分

---

[①] 王丽琴.校本研修视域下的中式课例研究及其课程化:以浦东系列"校本课例精修工作坊"为例[J].教育发展研究，2019，39(18):52-58.

帮带小组，通过研修心得、观课报告、研修成果汇报等形式展现。此种展示方式不仅突出了个体教师的专业成长，还彰显了团队合作的力量和校本研修的整体成就。

青蓝帮带策略强调以教师的能力水平为基础，将研修成员划分为不同层次的小组。这种分组方式既考虑了教师的教学经验和专业水平，又确保了研修过程中针对性指导与支持的有效性。在青蓝帮带的框架下，经验丰富的"蓝"教师担任指导者，带领"青"教师共同成长，促进他们在教学理论与实践中的全面提升。

在成果展示环节，成长小组通过多种形式展现研修成果，包括研修心得、观课报告和研修成果汇报等。这些形式不仅能够全面呈现教师在研修中的进步与收获，也为他们提供了一个相互学习和交流的平台。在研修心得中，教师们可以分享个人的学习体会和成长故事，反思研修过程中的挑战与突破；在观课报告中，教师们通过对教学实例的分析，深入对教学理论和实践应用的理解；而在研修成果汇报中，小组成员可以合作展示共同完成的研修项目，体现团队协作的价值与成效。

通过青蓝帮带模式的成果展示，不仅有效提升了教师的专业素养，也为学校的教育教学质量带来了显著的提升。这一模式强调了个体与团队的双重成长，通过有组织、有层次地展示活动，进一步强化了研修的实践意义与教育价值。

（二）量化成果，以实事见真章

在问诊式校本研修的成果展示中，量化成果是确保研修实效性和成果导向的重要手段。研修团队可以"论文、案例"等形式呈现研修成果。通过将研修成果具体化、数据化，以论文、案例等形式呈现，不仅能够清晰地展示教师的成长轨迹，也能够有效衡量研修的实际成效。

量化成果的核心在于以事实为依据，以具体的成果来验证研修的效果。通过撰写论文，教师能够深入思考和总结在研修过程中的学习经验，将理论知识与教学实践相结合，形成具有学术价值的研究成果。论文的撰写不仅有助于教师梳理在研修中的思考和体会，还能够通过系统化的研究方法，为教育教学提供科学依据，推动教学改革与创新。

同时，案例的呈现则是量化成果的另一种重要形式。通过具体的教学案例，教师可以展示在研修中的实际应用效果。例如，通过课堂教学中的实例分析，教师可以展示如何将所学的理论知识运用于实际教学中，如何在实践中解决教学中的具体问题。这种案例展示不仅能够直观地体现研修的成效，还能够为其他教师提供可借鉴的实践经验。

量化成果的展示以实事见真章，不仅要求研修成果具有理论深度，还需要它们在实践中具有可操作性和推广价值。通过论文和案例的双重展示，研修成果得以多维度地呈现，不仅为教师自身的发展提供了科学依据，也为学校教育质量的提升提供了切实有效的路径。

## 第五章　嵌入式校本研修

我国著名教育家陶行知先生说过，有些人做了几年教师便有倦意，原因固然很多，但主要的还是因为不好学，天天开留声机，唱旧片子，所以难免觉得疲倦起来。唯独学而不厌的人，才可以诲人不倦。要想做教师的人把岗位站得长久，必须使他们有机会一面教，一面学；教到老，学到老。当然，一位进步的老师，一定是越教越要学，越学越快乐。时代的变化和社会的发展对教育提出了新的要求，而发展教育，关键在教师，建设高质量教师队伍摆在了优先发展的战略地位。因此，教师作为教育者不能故步自封，必须重新审视个人的专业定位，不仅要当好教育者，更要成为研究者，以适应国家发展和新课程改革对教师的基本要求。校本研修在教育行政部门、教师培训机构的规划指导下，以学校教师作为研究对象，紧密结合学校的实际工作展开一系列的研训活动。于学校而言，开展校本研修有利于改变学校教师的传统陈旧的灌输式教学方法，紧跟时代的步伐和教育的发展，建设一支具有健康的心理、健全的人格、扎实的科学文化基础、较强的创造能力、有特色的师资队伍，在此过程中落实素质教育的教育理念，促进学校素质教育的发展。于教师而言，校本研修对于解决课堂教学实践活动中产生的问题，促进教师个人的专业发展和职业能力具有重要意义。嵌入式研修是有效开展校本研修的模式之一，它为教师创设了"嵌入式"的空间以及"学习共同体"的形式，强调教师对实践性知识和理论性知识的主动建构，以此达到促进教师专业成长的目的。

# 第一节　嵌入式校本研修概述

嵌入式校本研修是教师专业成长的重要模式，它通过将教师的日常工作与专业学习相结合，旨在提升教师的教学能力和学生的学习成效。这种研修模式强调教师在真实的教学环境中发现问题、解决问题，并通过同伴协作和专家引领等方式，实现知识的主动建构和应用。嵌入式校本研修不仅关注教师的专业发展，也重视学生的实际需求，通过整合学习资源、优化学习环境，促进教师与学生的共同发展。此外，它还倡导建立学习共同体，鼓励教师之间的交流与合作，共同探索教育教学的最佳实践。通过这种方式，嵌入式校本研修为教师提供了持续的学习动力和丰富的学习机会，有助于提高教学质量，增强教师的主体地位，从而更好地适应教育改革和发展的需求。

## 一、嵌入式校本研修的内涵与特点

教师的专业成长和终身学习成为每一所学校、每一位教师都密切关注的重点，教师的教育培训、教师再学习也成了教师提升自我和促进专业发展的有效途径。教师专业发展要关注到教师理论知识的学习与更新，但更重要的是让教师通过培训和学习，能够在真实的教育教学实践活动中发现并解决实际问题，在真实的教育教学实践中发现新的知识并能将其进行表达。校本研修以学校为研修主阵地，以学校教师为研修主体，以学校教育教学实践中的实际问题为研修内容，以促进学生发展、教师专业化水平提高为研修目的。[1] 较之传统的教师培训活动，它更加具有全员性和针对性。嵌入式校本研修作为一种新的研修策略，为学校校本研修提供新的途径。

---

[1] 汤立宏.校本研修专论 中小学教师人力资源开发与专业发展研究[M].北京：海洋出版社，2006:15.

## （一）嵌入式校本研修的内涵

嵌入式校本研修，也称为工作嵌入式教师学习，关注的是以教师日常工作为主的教师专业能力发展，它并非一个全新的概念，已有学者对其进行了研究。学者徐晓东等在《工作嵌入式教师学习的历史线索与理论视野》一文中，以欧美国家的教育政策以及学者的研究为例，对工作嵌入式教师学习的历史线索进行了梳理。其一，2010年美国教育部的评估中提出，向学校教师提供高质量的、持续的及嵌入工作的专业学习对改善教学具有积极影响。其二，学者帕基亚诺（Pacchiano）等人认为，与传统的"一次性"专业发展模式的不同，工作嵌入式教师学习是基于教师日常实践的学习，旨在通过提高学生的学习绩效和成就来增强教师专业实践，使教师在不断改进教学的过程中找寻解决真实和即时教学问题的方案。其三，美国教师教育学者达令-哈蒙德和麦克劳林（McLaughlin）指出，工作嵌入式教师学习主要以学校或教室实践为基础，通过整合教师教学工作和专业发展过程，使教师及共同体主动探索和评估解决真实问题的方案，以增强教师对特定内容的教学设计和实施能力，达成改善学生学习及其专业能力发展的目的。[①] 国内研究方面，学者刘虎平等结合刘永胜的在工作中学习、在学习中工作的观点，以新入职教师作为研究对象，提出将学习与研修嵌入新教师工作场域甚至生活场域，使之全身心地投入学校的日常生活，强调参与真实任务，辅以技能熟练人员的支持与指导，增加了各种专业引领与学习机会，丰富了专业成长路径，形成"在工作中学习、在学习中工作"的交互式学习网络，其目的是使新教师在嵌入式研修中养成持续学习的习惯。[②] 而学者郭先富则基于教育生态理论、工作场学习理论和成人学习理论提出了以学校生态转型为要旨的嵌入式研修主张，并将嵌入式研修的内涵定义为

---

① 徐晓东，李王伟.工作嵌入式教师学习的历史线索与理论视野[J].现代远程教育研究，2021，33(03):44-52+62.

② 刘虎平，龚青松.三式研修：对实现新教师专业成长的实践应答[J].江苏教育，2022(06):58-61.

以营造教师工作学习化、学习工作化的场域为基础，以激励教师学习社群高效协作为核心，以唤醒教师学习动能与职业幸福感为目标的教师专业成长方式。①

纵观中外教育政策与学者们的研究，我们对嵌入式校本研修有了一个较为全面的理解。结合以上学者对校本研修历史的梳理以及内涵的定义，本书认为，嵌入式校本研修是以教师的工作为基点，以教师的教学课堂为主阵地，基于实际教育教学活动中存在的问题，将教师专业学习融入教师的日常教育教学工作中，通过教师自主学习和同伴协作等多种形式的研修活动，对新知识与已有的经验进行主动的建构，达到促进教师专业能力成长以及促进学生发展的目的。值得一提的是，嵌入式校本研修强调教师深入学习过程，在现实的教育教学活动中将专业学习与教学应用直接联系起来。同时，嵌入式校本研修不仅强调教师的自主学习和深度学习，更强调教师根据实际的教学情况组建学习共同体，通过分享、合作的方式进行研修。此外，在开展嵌入式校本研修时，须明确一点，即嵌入式校本研修不是暂时性的、阶段性的工作，而是一个长期性的、终身性的过程。

（二）嵌入式校本研修的特点

嵌入式校本研修以教师的工作为基点，以教师的教学课堂为主阵地，将教师专业学习融入教师的日常教育教学工作中，通过教师对知识的共同学习和主动建构的方式达到促进专业能力成长的目的。从中可以总结出三个重点，即教师工作与学习的融合、教师间的共同学习以及教师的日常教学工作。因此本章总结了嵌入式校本研修的三个特点，具体如下。

1. 空间整合性

长期以来，教师工作和生活的区域划分明确：教师在办公室工作，在图书馆学习，在教室进行教学实践活动，在会议室开展研修学习活动。这

---

① 郭先富.嵌入式研修:内涵、特征与路径探析:以重庆融汇沙坪坝小学基于工作场的校本研修变革为例[J].教育理论与实践，2021，41(20):34-36.

样的布局，虽然按照教师的不同需求提供了相应的场所，但是也将教师研修的工作与学习割裂开来，教师的两个空间——"工作空间"与"学习空间"之间相互独立，缺乏融合。

近年来，专家学者开始重视学习与工作的联系，"工作学习化、学习工作化"的观点应运而生。巴尼特（R.Barnett）认为，工作已经不可避免地成为学习的一部分，而学习相应地也应成为工作的一部分[①]，由此来强调学习与工作场域的联系。张声雄通过对学习型组织的理论阐述，深入解析了"工作学习化、学习工作化"的含义：所谓工作学习化，就是把工作的过程看成学习的过程；而学习工作化，就是要把学习跟工作一样要求。[②] 郭先富则认为嵌入式研修是工作场学习理论指导下的"场域学习"[③]，由此可见嵌入式校本研修具有工作场域学习化的特点。

基于以上的理论指导，嵌入式校本研修将教师的"工作空间"与"学习空间"相连接，将学校图书馆的图书、实验室的仪器设备等学习资源进行整合，搬到教师日常工作的办公室中，以往分散在各个功能区的不同的学习资源，现在触手可及。此外，打造嵌入式的工作空间与建设嵌入式的虚拟空间，为教师学习交流提供平台。通过学习资源嵌入式以及工作空间嵌入式的方式，重新连接了教师学习、生活的场域，为教师搭建资源整合的学习空间，让主动学习渗透到教师工作的方方面面。

2. 团队协作性

校本研修是基于教师任教学校内部教师的专业发展的需求，其主体是学校内部的教研员、学校领导和教师等，校本研修的顺利开展以及作用的发挥离不开学校内部各主体之间的相互交流与协作。周冬祥等从学校的管理制度层面出发，认为以班级授课制为基础的学校管理体制，决定了教师

---

① R.Barnett.Learning to work and working to learn[M].London:Routledge,1999.
② 张声雄.学习型组织理论概述(续)[J].中国人才，2003(03):10-12.
③ 郭先富.嵌入式研修:内涵、特征与路径探析:以重庆融汇沙坪坝小学基于工作场的校本研修变革为例[J].教育理论与实践，2021，41(20):34-36.

群体必须是一个有组织的专业团队。[①] 现行的学校制度通过组建教研组的形式进行集体备课和讨论，共同参与教学实践，进行教学研究。嵌入式校本研修作为校本研修的实施模式，也具有团队协作齐头并进的特点。

嵌入式校本研修根植于教师所任教学校的真实情境，立足于学校的具体问题，在教师的日常教育教学实践活动中将专业学习与教师教育工作直接联系。在嵌入式校本研修这一过程中，教师不仅需要进行教学实践以及教学反思，还需要通过学习共同体成员的共同协助，与同伴交流与讨论，以此促进教师成长。因此，嵌入式校本研修强调聚焦教师研修学习共同体，通过建立完善的共同体机制以及营造资源共享、共同进步的团队氛围，使嵌入式校本研修的教师学习共同体发挥共同体的整体优势，促进整个教师团队的专业发展，实现共同进步。

3.师生兼顾性

嵌入式学习强调将教师专业学习融入教师的日常教育教学工作中，由此，教师就必须通过不同的方式和渠道进行深入学习。首先，教师必须时刻关注教育教学方面出现的新理念和新方法，紧跟教育发展的步伐，学习新的教育知识。如新课标的颁布对教师的教育教学提出了新的要求，教师要积极参加线上或线下的专家讲座和培训，学习专家对新课标的内涵和价值的解读，这一过程，教师通过对新课标的认识，重新调整自己的教育教学方法，思考如何体现新课标精神培养学生的核心素养。其次，教师基于本身所教授的学科和学校的情况，积极参与学校组织的校本研修活动，与教研组的同伴共同研修学习，这一过程，教师关注的是学科知识的学习和学校的发展。最后，基于教师自身所在班级的具体学情分析，关注和思考如何聚焦本班学生进行更高效的教学，这一过程，教师关注到具体的学生。在这一整个过程的嵌入式校本研修中，教师不仅在教育教学工作中进行了专业学习，促进其专业能力的发展，同时深入了解学生的学习特点以及学

---

① 周冬祥，陈佑清.论教师的研修学习方式[J].教育研究与实验，2009(01):61-65.

习习惯等，顺应学生的认知发展水平，兼顾了教师的教与学生的学的双向发展。

## 二、嵌入式校本研修的技巧与作用

### （一）嵌入式校本研修的技巧

1. 拓展空间，创设学习的环境

嵌入式校本研修的一大特点是将教师的两个空间——"工作空间"与"学习空间"通过资源整合的形式，打破教师工作与学习之间的割裂状态，将不同功能区的学习资源放在教室触手可及的地方，为教师营造有利于学习活动发生的良好条件，促进教师"工作学习化、学习工作化"的转变。嵌入式校本研修聚焦于教师的专业学习发生在教师日常的教学工作中。因此，拓展教师学习的空间场域，为教师创设良好的学习环境，能够更高效地让教师进行嵌入式校本研修。

例如，建设"嵌入式"空间，将学校每个楼层里传统意义上的办公室打造为"嵌入式"办公室，每个办公区都由"学科聚合区""班级协作区"和"嵌入研修区"组成。其中"学科聚合区"的主要成员是行政班主学科教师，用于协调班级的教学与管理；而"班级协作区"的主要成员是艺体学科教师，用于协助班级推进综合课程的开展；"嵌入式研修区"则是每个"嵌入式"微小学校的教研室，它是集"学生服务中心""家校联盟接待中心"和"'嵌入式'教师研修中心"为一体的办公区。[①]

又如，参照国内外图书馆嵌入式学科服务"建设了一大批'信息共享空间''学习共享空间''研究共享空间'等，这些集成多种资源、实现一站式服务的新型学习空间，其重要功能就是顺应学科化服务趋势，为用户提供学习交流、研究创新、协作互动的理想环境。IC 提供多种实体空间如多

---

① 郭先富."嵌入式"研修：基于学习场域的校本研修变革[J].中小学教材教学，2020(01):57-61.（引用时有删改）

媒体教室、协作学习室、训练指导室、写作实验室、研究讨论室等,以及虚拟空间如数字图书馆、虚拟学习社区、群件工具、E-learning 系统等"的做法[①],引导教师利用网络平台创建虚拟研修空间,在这个虚拟空间中,教师除了进行常规的专业学习嵌入教师工作的研修活动,还可以定期、定时地开展线上专业学习嵌入教师日常生活的校本研修。同时得益于信息技术的发展,在这一嵌入式研修的虚拟空间中实现教育资源的共享以及教育资源的储存,有利于教师随时随地进行专业学习。

2. 专家引领,理论实践相结合

传统的校本培训主要以专家自上而下地讲授理论知识为主,关注的是探讨教育问题产生的理论根源以及基于理论支持下该如何制定有效的教学策略,往往忽视了学校、教师的具体教育教学情境。而本校开展的课例式校本研修、教研组学习等大多以教师的实践活动为落脚点,过于关注用经验解决实践中的问题。没有理论的实践是盲目的,没有实践的理论是空洞的。嵌入式校本研修关注到了目前教师学习中理论与实践脱钩的困境,通过专家引领、专家进课堂、专家教师共同研修等方式,将专家从高高在上的演讲台拉入实际的课堂教学中,同时又将教师学习目光从实践经验中转向理论学习。

例如,构建以大学教授(Professor)为主导、教研员及有关专家(Expert)提供专业支持、中小学骨干教师(Teacher)为行动者主体的"三位一体"的"PET 研修共同体"创新模式。根据各方需求和实际情况,通过平等协商的方式,既要在研修目标与任务、研修的内容与方式、研修的成果与评价等方面达成一致,又要明确大学教授"理念引领、学术支持、科学评估"、教研员及有关专家"政策引领、专业支持、沟通连接"、中小学骨干教师"行动研究、实践转化、辐射带动"的三方职责分工,为教育

---

[①] 夏燕.国内外图书馆嵌入式学科服务综述[J].新世纪图书馆,2014(11):85-89.(引用时有删改)

集团内各校培养出一支"教学能手""教研专家"的两栖型骨干教师，又让共同体内三方成员共构协同研修模式，直接用于对其他中小学的教师研修，形成辐射与引领。①

又如构建"专家引领—学习"的模式，第一，要通过摩课和拍课的形式，让学科教学专家了解本校本学科教师的需求、教学疑惑点以及课堂中存在的问题等；第二，学科专家依托课堂观察、教师座谈、学科教学结果和学生行为数据，进行教学分析，组建课例研修工作坊，在观摩视频课例的过程中进行研修学习，学科专家在此过程中基于理论知识的指导，帮助教师建立起对教学问题本质的清晰认识；第三，专家在引领教师在共同参与设计新课的过程中建立起"问题解决元方法"的"心智模式"，即启发教师对有关问题与本质、方法与效果间的关系进行深入思考；第四，通过组建"共享反思与评价"工作坊的形式，引导教师进行教学后反思，以此促进教师进行共享反思。②

以上的专家引领模式，深入了教师教学课堂，具有针对性地认识到教师在课堂教学中存在的问题以及教师的困惑，同时通过专家的理论指导解析教师课堂教学问题以及教师困惑产生的根源，教师再将学习到的理论知识再次运用到实践中，有效解决了以往教师缺乏理论知识指导实践以及即使进行了理论知识学习却不会将理论转化实践的困境。

3.搭建平台，促进同伴的交流

嵌入式校本研修通过建设"嵌入式"的空间，打破了教师"工作空间"与"学习空间"之间的隔离。"嵌入式"空间的建设不仅将学习资源放到了教师触手可及的地方，为教师的专业学习提供便利，同时也将同科组的教

---

① 肖正德."PET 研修共同体"的文化特质与运行模式[J].中小学教师培训，2021(04):8-11.（引用时有删改）

② 徐晓东，李王伟，赵莉.专家引领下现象为本的课例研修模式及其效果研究[J].电化教育研究，2020，41(10):106-113.（引用时有删改）

师聚集在同一个工作和学习空间。在这一"学习＋工作"的空间里，教师之间的沟通交流变得更加方便。以往的校本教研往往是偶然性的教师研修，是为了完成某一项工作任务或是顺应某一次教育变革的重要节点而展开的教研活动。平常虽然由教研组组织开展集体备课、集体研学等研修活动，但是由于教师同伴之间的工作和交往之间的独立性，因此更多的是分工后的教师个人的研修学习。嵌入式校本研修强调教师工作场域与学习场域的融合，其实也为教师的协作交流提供了协作场域，学校可利用嵌入式校本研修的这一特性，为教师搭建共同学习、同伴协作的平台，构建教师学习共同体，提高研修的成效。

例如，学校构建以共同体内互助式调研为主要形式的校本研修活动，参加调研的人员在共同体内所有成员的帮助下进行准备，每个人结合自己的教学经验帮助调研对象，而调研评价的对象不仅仅是共同体中的个人，更是整个共同体。同时通过共同进行教学设计、集体观摩授课课堂并记录和点评的形式，形成人人都是授课者，人人都是评价者的氛围。在研修过程中，每一位教师成员都有机会发表自己的观点，并以此为基准修改、验证、反思自己的教学实践，同时共享各自的学习资源和学习思想，体现学习共同体的集体智慧。在教师研修过程中教学设计、教师授课、教师评价等都依赖于学习共同体的帮助和指导，将教师的专业学习与团队的协作互助相联系。[①]

嵌入式校本研修打破了教师孤立的工作和学习困境，为教师搭建合作的平台，使教师同伴之间的合作交流变得频繁，彼此之间相互分享经验和提出意见，实现了信息的共享，可以从多角度对问题进行分析和思考，同时也能汲取他人的长处，让集体智慧在此过程中得到充分发挥和体现，促进了教师整体素质和教学质量的提高。

（二）嵌入式校本研修的作用

实践表明，在社会经济发展迅速，知识呈现爆炸式增长的时代，知识

---

① 刘伟.基于校本研修的构建教师学习共同体的实践研究：以大连N校为例[D].大连：辽宁师范大学，2015.（引用时有删改）

的更新周期也越来越快,传统观念中"靠学几个月或几年技术就可以保一辈子"的思想已然被现代社会所淘汰。与此同时,社会的发展需求催化了教育不断优化和更新,新课改的逐步加深也让教师的教育观念在不断地发生改变,很显然,作为一名教育者,如果仅凭借着以往陈旧的教学经验进行教学,而拒绝用新知识、新教学理念武装自己的头脑和指导教育教学实践活动,那么他将跟不上时代发展的步伐和教育变革的要求,由此,他必然会被时代所淘汰。嵌入式校本研修针对当今社会教师学习内驱力不足、学校研训工作效果不明显的问题而提出的一套能够解决上述问题促进教师研修工作与高效开展学校校本研修的研修模式。嵌入式校本研修将专业学习嵌入教师的工作生活中,使教师向工作学习化,学习工作化的方式转变,不仅从环境上为教师打造学习氛围,更强调教师的主体地位,从根源上激发教师学习的内在动机。

1. 培养教师的主动学习习惯

魏书生说过,教学生一滴水,老师要有一桶水。但是在今天信息大爆炸的时代,若教师死守一桶水是不足以满足学生需求的,因此教师必须树立终身学习的观念,不断更新自己的知识。然而以往的校本培训或是其他形式的教师教研活动,存在时间不定、形式单一、教师参与度不高等弊端,虽然表面上教师参与到不断地学习中,但是穿插于教师繁重的教学工作中的校本培训等形式的教师学习成为一种额外的工作或是不得不敷衍应付的事情,教师学习的效果大大降低。因此,比让教师学更重要的是让教师想学,激发教师内在的学习动机,让教师成为主动的学习者。

杜威认为知识对于学习者而言属于被认识的对象,关于知识的学习往往采用被动学习方法;而活动学习则要求学习者主动投入、亲自参与学习事项,并在这一过程中获得内在的、精神的提升,因此活动学习往往采用主动学习方法。[①] 嵌入式校本研修主要是在教师日常的教学工作中进行的,其学习的目的既是为了解决真实教学情景中存在的各种教育教学问题,也

---

① 约翰·杜威.民主主义与教育[M].王承绪译.北京:人民教育出版社,2001:350-351.

是为了促进自身专业能力的成长，将教师学习的动力与教师的工作与成长相联系。同时"嵌入式"校园环境建设拓展了教师的学习空间，为教师专业学习提供便利；学习共同体的建设也强调了教师共同参与以及发挥集体的力量，要想在研修过程中输出有效的观点为集体做贡献，教师就必须充实自己，因为只有不断地进行新知识和新理念的输入，才能有所输出。嵌入式校本研修为教师提供了学习的外在推动力，使教师在外在学习环境以及内在发展需求的双重推动力下激发教师的学习动力，促进教师积极主动地学习。

2. 提高教师的教学质量

大部分的校本培训和校本研修方式都离不开以下三种形式：一是专家学者对于教育教学理念的解读以及对学生认知水平、教师教学方式的分析，具有较强的理论性；二是观摩名师课例，模仿、学习教育名师的教学方式方法；三是教研组组织对某一位教师进行随堂听课的研修，研究这位教师的教学过程。这三种形式将研修的重点放在教师的教学过程、教学方法、教学手段等方面，却没有对学生的学习需求、学习过程、学习效果等进行分析和评价。

嵌入式校本研修的过程是以学的活动为主要研修对象的研修活动，其关注的重点不再着眼于"教师的教"，而更聚焦于"学生的学"，强调教师将专业学习的内容与学生实际的学习需求相联系，教师的研修学习不能脱离学生而独立存在。嵌入式校本研修发生的场域不局限于教研室或者会议室中，而是深入教师教学活动的主阵地——课堂。在课堂教学中，如想提高学生学习的效果以及课堂的高效开展，提高教师的教学质量则显得尤为重要。要想提高教师的课堂教学质量，促进每一位学生的发展，就不得不关注每一位学生的发展需求、学习过程，以及对知识的内化、学习的内驱力、学习的实际效果等具体的问题的分析。因此，教师必须在教育教学工作的实践中进行学习，学习新课程标准对于课程性质、课程内容的要求以及对学生核心素养的培养，了解所任教学科的教学内容以及合适的教学方法；同时还要对学生的发展规律以及学习特点进行深入的了解。这样有针对性地阅读和学习与工作中遇到的问题相关的专业理论书籍或是理论文章，能够帮助教师明确专业学习的方向与目标，以达到预期的学习效果。嵌入式校本研修的过程仍然是"实践－反思－实践"，但与其他校本研修模式不同的是，在这一过程中，教师专业学习贯穿于教师工作的始终，并不是基于具体的问题展开深入的研修学习，而是逐一击破教学实践中出现的问题，达到提升教师教学质量的效果。

3. 增强教师的主体地位

教师作为校本研修的主要对象，其主体性的发挥是决定校本研修是否达到预期目标以及能否取得实际效果的关键因素。传统校本培训将重点放在"训"，即对教师的教导、训诫。用课堂中教师与学生的角色也许能让大家更清晰明了地理解传统校本培训的弊端：传统课堂教学中教师用讲授的方式，让课堂成为教师的"满堂灌""一言堂"，在这一教学过程中，只有教师的教而忽视学生的学，学生是被动的知识接收者。同理，在传统的校本培训中，课堂上的教师转变为校本培训中的学生，由更高级别的骨干教师、学校领导在讲台上讲授，参与培训的教师以被动的学习者的身份接受培训的内容，其培训的方式、内容等，全都由培训者主导，教师难以有提出建议、发表看法的机会，在整个培训的过程中，教师作为培训的主要对象，却没有任何的话语权。嵌入式校本研修更加强调了教师在研修过程中的主体地位，聚焦于教师"研"。教师作为研修的主要对象，让教师从校本培训的旁观者转变为校本研修的参与者。

嵌入式校本研修的核心要素是将教师的专业学习渗透于教师每天的日常工作中，教师直接在教学的常规工作中深入地了解学生，在教育教学工作的实践中思考"教师怎么教""学生怎么学"等问题，在进行校本研修时根据自己或是学生、学校的具体需求确定研修的主题和方式，通过各种形式的交流与学习，在提出具有创造性、独特性的想法时，接受了同伴间的科学合理的建议，这一学习的过程是教师主动内化知识的过程，将学习的新知识与教师本身已有的经验进行重新的整合，以达到对具体问题情境的具体解决，而非传统学校培训中教师被动地接受新知识或是忽视自身教育实际一味地模仿教育名师的经典案例的浅层学习。

## 第二节 嵌入式校本研修实施

在现代教育背景下，嵌入式校本研修作为一种创新的教师专业发展模式，旨在通过将教师的日常教学工作与专业学习相结合，提升教师的专业能力。这种研修模式强调在实际的教学环境中进行问题发现和解决，通过自我反思、同伴协作和专家引领等手段，促进教师对新知识的主动学习和应用。嵌入式校本研修不仅关注教师的个人成长，也注重学生的实际需求，通过优化学习资源和环境，实现教师与学生的共同发展。此外，该模式鼓励建立学习共同体，促进教师之间的交流与合作，共同探索教育教学的最佳实践。通过这种方式，嵌入式校本研修为教师提供了持续的学习动力和丰富的学习机会，有助于提高教学质量，增强教师的主体地位，从而更好地适应教育改革和发展的需求。

### 一、嵌入式校本研修实施要求

不论是何种形式的校本研修，其实施都必须遵循一定的原则和要求，制定合理可行的研修内容以及评价标准，如若没有建立完善的校本研修制度以及体系，那么就难以发挥校本研修的优势以及价值。嵌入式校本研修的实施也需遵循差异性、实践性、协作性等要求，只有把握好这些要求，才能将嵌入式校本研修的优势和作用发挥到最大，才能获得最好的研修成效。

（一）注重差异性，强调主体性

在教育教学中，我们强调学生是教育的主体，也是学习的主体，因此要求教师要遵循"以学生为本"的教育理念，一切教育活动都要从学生的发展需求出发，在教育学生的过程中强调因材施教，基于学生选择不同的教学方式，切不可"一刀切"。同样地，教师作为参与校本研修的一大主体，是校本研修的主人翁，实施嵌入式校本研修的过程中，我们必须遵循"以教师为本"的研修理念，研修活动需要以教师的发展需求为基点，关注到教师间的差异性，尊重不同教师的不同研修需求，选择不同的研修方式。

嵌入式校本研修的过程实际上也可以理解为教师再学习的过程，之所以是"教师学习"而非"教师培训"，其根本原因在于教师学习是教师主动参与学习以及主动进行新旧知识的自我更新的过程，而非传统校本培训中由上至下的单向式的知识传输以及缺乏针对性的集体学习，因此校本培训需从教师的视角出发。差异性原则要求在实施嵌入式校本研修时应以教师为中心，了解不同教师的实际情况，包括他们的内在需求、发展需求、教学能力等方面的区别，从教师发展的实际情况出发，根据教师发展的需要不断调整研修的方案，最大限度地使教师的专业能力得到长足的发展。

## 持续课堂诊断，促进教师发展[①]

以师为本的校本研修关注个体差异，注重个性发展，经常体现在关注到人、落实到课，这种常规的师训方法成本低，见效快，贵在持续，循序渐进。

具体做法：针对教学能力相对薄弱的教师，学校领导成员或骨干教师组成专业小组，不打招呼直接推门听课，此时执教者提供的课例是本真的、常态的教学，教学过程中的亮点与不足自然也就显现无遗，能较好地反映教师的教学现实，不像公开课、优质课展示那样"作秀"的成分较多，不能很好地客观反映教师的真实情况。

在操作过程中，先是学校领导成员和骨干教师等开展课堂观察并做听课记录，课后先请执教者说课，然后听课者在课堂观察和记录基础上点评，

---

① 蒋洪兴.有效学习视域下的校本研修导引[M].长春：东北师范大学出版社，2016:96-97.（引用时有部分删改）

褒长贬短,旨在提升受训者的教学品位。接着深度交流,听课者进一步听取执教者的不同想法,以谋求双方的深度沟通,在沟通基础上听课者提出改进建议,给出有针对性的"教学处方"。最后由执教者开展教学反思,在内省的基础上考虑是否接受、如何接受和怎样落实听课教师的建议。这种关注到人、落实到课的师训方式针对性强,操作简明,效果明显,但也不是一蹴而就的,而是需要听课者长期的、持续的关注,经常性跟踪听课,即时提出改进意见。

学校研训抑或是组内教研等形式的研修活动受限于参与人数、活动时间等因素的影响,在研修活动的过程中讨论的重点往往是以大多数人在教育教学过程中存在的问题或是教育教学实践活动中存在的典型问题为中心展开,难以就每一名教师的问题深入研究和提出建议。以公开课为载体的观课议课的校本研修形式则因反复多次练习早已规避可能存在的部分问题,导致难以客观地反映教师日常教学活动中的真实情况。关注到人、落实到课,以教师为本的嵌入式校本研修深入教师的日常教育教学情境,提出具有针对性的建议。同时能够让执教者及时反思自己的教学过程存在哪些问题,应该加强哪方面的专业知识来解决这个问题,再结合听课者的改进意见,将专业学习融入日常工作中。

(二)情境性

课堂是教师教育教学工作的主阵地,也是教师专业成长的主阵地,教师的学习是在实践中学习,是在真实的教育教学情境中学习。嵌入式校本研修是以教师的日常教育教学工作为基点,在真实的教育教学情境中发现以及解决问题,其最大的特点是将教师的专业学习融入教师的日常教育教学工作中。因此,在实施嵌入式校本研修时不能脱离课堂教学这一真实的教育教学情境。

教师学习不仅是为了自身专业能力的成长,其最终的落脚点仍然是学生的发展。与以往的校本研修不同,嵌入式校本研修强调教师的学习是基于自身真实的教育教学情境,研修的主题围绕着实际教学中出现的问题展开,通过对专业知识的学习提升自己的专业能力，以解决教师在实际教育教学活动中的问题，从而达到促进学生发展的最终目的。将教师的专业学习融入教师日常的教育教学工作中，才能激发教师参与校本研修的积极性，激发教师促进自身专业能力和学习的内驱力，如此才能提升教师的专业成长。

## 基于真实教学情境的专业学习[①]

在教学过程中，我逐渐发现这样一种现象：学生年级越高，举手回答问题的就越少，进入高中后几乎没有学生主动回答问题了。在这种情况下，我在课堂上常常无奈地采取"点将式""火车式"等方式提问。这加重了学生对回答问题的逆反心理。一些学生也承认自己有心理障碍，手就是举不起来。那么，如何改变这一现状，激发学生的学习积极性呢？

围绕这一问题，我结合新课程的学习认识到学生在课堂上应该享有一定的权利。首先，他们有犯错误的权利。其次，学生有自由选择的权利，即有选择回答教师提问的权利，对于自己不感兴趣的问题他可以不回答或拒绝回答。而在以前的课堂教学中，对于我的提问，学生是没有这样的选择权的。再次，学生应该有评价权。过去学生回答问题主要是由我进行评价，而作为主体的学生是没有评价权的。这种不合理的状况亟待改变。

嵌入式校本研修打破了传统观念中教师研修是专家在台上讨论，教师在台下记笔记，从而脱离课堂这一教育教学主阵地的错误观点，强调教师是参与研修的主体，教师不是被动的接受者而是主动的学习者，同时也强调教师的研修不能脱离真实的教育教学情境，即不能脱离学生实际。教师的工作经验是在实际的课堂教学活动中积累的，要想提升教师研修学习能力最好的方式，是让教师回归到其最熟悉的场域——课堂教学情境中，以实际的课堂教学情境为立足点开展嵌入式校本研修。有学者也提出教师只有在具体工作场景中通过真实地尝试使用知识获得收效后，才产生真正的学

---

① 吴永军.校本教学研究设计：教师教学研究设计指南[M].南京：南京师范大学出版社，2007:129.（题目为编者所加）

习和改变的内在需要，因此教师学习关注工作场景中的真实探究。[①]因此，实施嵌入式校本研修切勿忘了在真实的教育教学情境中进行。

## （三）协作性

"三人行，必有我师焉。"校本研修之所以比教师培训更能激发教师主动参与的积极性，是因为校本研修更为尊重教师的主体性，在研修的过程中，每一位教师都是参与研修的主体，每一位教师都能够在研修活动上发表意见，校本研修为教师与大家分享自己的教育教学经验、见解等提供了机会，同时也为大家共享知识和经验提供了平台。教师之间能够通过相互讨论、相互交流、评课议课等途径实现知识与经验的相互传递以及资源的共享。自上而下的培训、讲座等形式是优秀教师或者专家单向的知识与经验的传授，不仅难以就具体问题具体分析，还阻隔了培训者之间平等的交流互动。最能在教师日常工作中给予建议和提供帮助的，便是身边与自己有着共同工作背景和工作经历的同事，同事之间既是竞争关系，也是相互扶持的同伴关系。因此，教师必须利用好身边的资源，重视同伴之间的协作与交流，学会在交流协作中汲取同伴的智慧。嵌入式校本研修在尊重教师研修的主体地位基础之上，强调教师之间的协作性，其实施途径之一是构建教师研修共同体，让教师通过团队协作、同伴互助等方式，加强彼此之间的协作、交流与互动，让每个人的知识与经验等教育教学资源在教师群体之间形成资源共享，发挥研修共同体中的教师协作促进共同进步的整体作用，也让个体在集体协作中获得专业能力的提升。

### 构建研修共同体，促进同伴协作[②]

（1）同学科教师构建研修共同体，实现同伴间的互动。

组本研修是促进同伴合作最好的形式，组本研修落到实处，校本研修

---

[①] 陈莉，刘颖.从教师培训到教师学习:技术支持教师专业成长的途径与策略[J].中国电化教育，2016(04):113-119+127.

[②] 蒋洪兴.有效学习视域下的校本研修导引[M].长春：东北师范大学出版社，2016:115-117.（引用时有删改）（题目为编者所加）

就有了实效。因此，我们按照年级、学科的不同成立了8大合作组，18个合作小组，全力推进组本研修。研修活动以全面贯彻教育方针、大面积提高教育质量为宗旨，组织本组教师学习教育理论，开展教学研究，进行教改实验，发现、总结、推广先进经验，提高教师素质，为教育转轨"引路导航"。

①加强教研组建设。我们感到组本研修必须把握住四个关键环节。其一，要精心设计研究的问题。问题是导向，没有问题就没有针对性，同伴间的交流就会变成"聊天"。问题从哪里来？来自新课程实施的热点问题，来自学校面临的突出问题，来自学生发展的核心问题，也来自教学实践中的矛盾与困惑。其二，要策划研究的流程。一次组本研修活动怎样开展要有一个基本的程序。我们经过多年的探索，设计了下面的流程图："提出本次研究的中心问题—小组内交流自己的看法—总结出共识性的看法和可行性的策略—提出需要进一步探讨的问题，并作为下一次研究的中心问题"。其三，要提供组本研修的样本。组本研修到底怎样开展，教师有一种"雾里看花"之感，因而提供必要的样本能给教师提供有益的参考。其四，要建立教师互动制约机制。组本研修关键是教师之间的交流和互动，这是实现思想增量、观念增值的重中之重。"你一个思想，我一个思想，交换后，每个人可能有两个思想。"

②加强备课组活动。在校研修过程中将集体备课活动分为"个案—通案—个案"三步。第一步，集备组长将课题分配给组内教师，并确定一个主备教师。主备教师在主讲前两天将备好的教案分给组内教师，形成第一个个案。第二步，所有的教师都积极参与进来。在充分思考的基础上，授课前集中讨论。首先主讲教师介绍设计意图，其次辅备教师根据主讲教师的解说从不同角度、不同侧面谈个人见解讨论交流，对主备教案进行调整，形成通案。第三步，教师自己结合本班学生实际，博采众长。在教案的空白处做好调整、修改，尽可能形成个性化、特色化的教案，形成适合本班实际的个案。这样教师们在交流与合作中，提高了自己的备课水平。

③成立学校课题组。研修活动立足教学教育实际，从日常问题出发，提炼出研究课题。每个学科组、备课组都有自身的小课题研究。在专家引领与同伴互助下，课题组成员能掌握研究的方法与手段，了解一般研究的流程，并在实际工作中有意识地针对关心的问题展开研究，养成良好的研究意识与能力。

（2）跨学科构建研修共同体，实现学科间的促动。

①骨干教师研修共同体

我校成立了"骨干教师提高班"，聘请特级教师、专家为导师，指导开展系列活动。骨干教师是学校内涵发展、持续发展的关键力量和动力源泉。建设一支师德高尚、理念先进、学识广博、专业精深、爱生敬业的骨干教师队伍，同时发挥他们在素质教育中的示范、指导、辐射作用，是我校落实科学发展观的有力抓手，也是我校师资队伍建设中的重中之重的工作。每学期我们举行学术荣誉者公开课展示活动，骨干教师示范课、党员行政公开课等活动，为研修、交流学习提供平台。

②青年教师研修共同体

我校成立"青年教师培训班"，同样聘请校内各科骨干担任导师负责培训活动。青年教师是学校的希望，青年教师的快速成长和进步对学校的未来有着至关重要的作用，是学校实现可持续发展的关键所在。学校将会不遗余力地优化平台，促进教师培训与队伍建设，为学员提供经费保障、机会保障和精神激励。我们举行青年教师基本功大赛、青年教师说课比赛、青年教师优课比赛，有一批青年教师通过活动脱颖而出。以各种活动为载体的"研修共同体"，真正成为教师成长、成功的驿站。

③年级组班主任研修共同体

班级管理的好坏对学校的稳定和教学成绩的提高起着举足轻重的作用，构建班主任研训交流模式，以德育教育、班主任工作的落实为抓手，开展相关理论与实践研究，注重对学生的心理健康辅导，增强班级管理的实效性。

相同的学习需求是维系研修共同体教师的纽带，相互协作则是促进研修共同体教师之间共同进步、共同成长的关键所在。研修共同体的构建，其目的在于加强教师之间的交流互动以及团队合作，因此，研修共同体成员的组成可根据学科需求、教师工作需求、教师层次需求等不同的需求组成不同的研修共同体，尽最大可能地发挥各方面的优势，博采众长。

## 二、嵌入式校本研修实施过程

### （一）着眼实际，确定问题

"嵌入式"研修是基于工作场的实践学习[①]，其研修是基于真实的工作场域中发现问题并通过自主学习、同伴互助、专家指导等途径分析问题并解决问题的过程，因此发现问题是实施嵌入式校本研修的首要环节。而研修问题的确定，则要以教师实际的课堂教学为立足点，不管在教学设计阶段是对课堂教学中可能会出现的问题进行预设，还是通过直接观察学生在课堂教学中存在的问题，又或是通过分析学生的作业情况、考试成绩等寻找问题的根源，都离不开课堂这一主阵地，即嵌入式校本研修的研修主题需着眼于课堂教学实际。

值得一提的是，传统研修中过分强调教师教学的实践性知识而忽视了教师理论知识的学习，教师参与的年级组、学科组的教研活动，或是通过集体备课、观课、评课等形式进行学习，但是在此过程中，仍然以实践性知识的学习为主，教师的对策与建议仍基于自身的教学经验出发。同时在此过程中，教师更为关注的是如何提升自己的教学质量和改善自己的教学方法，即研修的重点仍在于教师应该"怎么教"。在嵌入式校本研修中，教师研修的重点将由教师的教转向学生的学，构建以关注学生的学习为核心的校本研修，以学生的学习为研究对象，以学生在实际教学中存在的问题为研究内容，着眼于学生实际学习中的问题，教师的研修学习由传统的实

---

① 郭先富."嵌入式"研修：校本研修的新生态：以重庆融汇沙坪坝小学基于工作场的校本研修变革为例[J]. 小学教学研究，2021(06):20-21.

践经验分享的教师应该"怎么教"向研究学生的认知发展规律的理论研究的学生应该"怎么学"转变。

## 以教学中存在的问题为研修基点[①]

金属性质学习内容在沪教版化学九年级上册第五章金属性质第一节，本节学习与前面气体物质性质研究相呼应，并为后续金属的冶炼学习做铺垫。

研修团队共包含6名教师，研修过程中教师发言不分先后顺序，其中一名为研修组长。

1. 提出在教学中遇到的实际问题

| 提出在教学中遇到的实际问题环节实录片段 ||
| --- | --- |
| 研修过程 | 研修结果 |
| 研修组长：之前我们研修过气体物质性质研究思路，那么现在我们讲到金属物质。金属的第一节是金属的性质，研修前，各位教师已经查阅了一些资料，下面请各位老师说说在教学中遇到过哪些实际问题？<br>赵老师：学生在做金属的图像题、金属置换及计算题时解决得不是很好。学生能记住性质，但是只停留在记忆层面，具体应用还不是很好。<br>王老师：是的，我们班的同学也是类似的问题。知识点讲完，在课上带学生做练习时学生掌握的情况很好，基本没有问题。一旦学生自己做题遇见考查同样的知识点，只是题型出现变化的习题时就不会做了。<br>侯老师：是，学生学过气体性质，会类比气体性质，但是气体和金属还是不一样的，有的学生遇见题型有变化的就不会了。 | 教师通过研修前查找资料，根据自己的授课经验、互联网检索方式教师反思教学，发现教学中存在以下问题：<br>（1）在学习金属的性质这一节课时，教师们发现把知识点讲完，在课上带学生做练习时学生掌握的情况没有问题，一旦学生自己做题，遇见考查同样的知识点，只是题型出现变化的习题时就不会做了。<br>（2）金属的化学性质和气体的化学性质一样，在气体性质学习的基础上学习，学生可以类比气体性质研究思路，但金属和气体的性质存在差别，学生没有建立起研究金属性质的思路，导致只将知识点记忆但并不会应用迁移。 |

---

① 赵欣言.初中化学问题驱动式校本研修模式的建构及其应用研究[D].沈阳：沈阳师范大学，2019.（题目为编者所加）

续表

| 提出在教学中遇到的实际问题环节实录片段 ||
|---|---|
| 研修过程 | 研修结果 |
| 研修组长：那么我们发现，虽然学生之前的气体物质性质研究思路建构得比较成功，但是到了金属还是有些问题，学生的迁移能力并不是很强。那么我们仍旧可以将研修主题确定为对金属性质研究思路的建构。 | （3）老师梳理发现关于金属的习题，学生在计算、图像题、置换问题等题型上解决得不是很好，学生在理解这方面问题上还只是局限于知识点的记忆，对于知识的应用迁移仍存在问题。根据发现的问题，初步拟定问题为：如何培养学生对金属性质的研究思路，即通过金属性质的研究，培养学生对金属物质性质的研究思路，并能迁移到陌生金属的研究中去，并具有预测金属性质且用实验验证的能力。将这个问题归纳提炼为：建构初中化学金属物质性质研究思路的校本研修。 |

## （二）多种途径，寻找对策

在真实的教学情境中发现问题并以教学存在中的实际问题为主题进行研修只是嵌入式校本研修的第一步，如何寻找对策解决问题才是研修的最终目的。自我反思、同伴互助、专业引领是校本研修中解决问题的基本途径，也是嵌入式校本研修的核心所在。自我反思是教师专业发展的核心因素，也是开展校本研修的基础和前提。教师通过对教学过程中学生的学习行为或学生的学习成果等方面的观察与分析发现问题，通过教学札记、反思日记等自我反思的途径对这些问题进行追根溯源，审视自身的教育教学是否存在不足，如此才能不断地修正自身教育理念或是教育思维中的漏洞，提升自己的专业能力。

除此之外，如何更有效地发挥团体的力量以及将教师的教育理论体现在教育教学的实践活动中，同时又将实践经验上升到理论高度，是促使嵌入式校本研修顺利进行的关键。其一是加强嵌入式教师共同体研修团队的建设，充分利用学校创设的嵌入式学习空间，在课前备课、课中听课、课后议课阶段均可以解决教师在教育教学实践中遇到的具体问题。以具体问题为主题开展教师研修活动，也可有计划、有目的地进行某一问题的专项研修。在研修共同体中，进行组内的同伴交流、相互讨论，通过共同备课、相互观课并依据成员间提出的改进建议进行修改，这也是同伴互助的具体表现形式之一。其二是加强嵌入式专家引领协作研修模式的建设，将专家引入教师备课、随堂听课、评课议课等环节，将专业引领有机"嵌入"各种学习社群，创设问题情境与任务情境统一的人际"互动场"[1]，让专家基于真实的教学情境以及师生之间的教学互动做出具有针对性的点评与改进建议，充分发挥专家的引领价值。在此过程中实现理论知识实践化和实践经验理论化的互相转化，也利用了专家的资源将专业理论的学习合理地嵌入教师日常的教育教学工作中，实现理论知识与实践经验的有机结合。

## 专家引领，共同打磨[2]

### 一、备课中的磨合

两位教师在上课之前与同年级组的老师进行了多轮备课，现选择其中三次备课中教师的比较和感悟：

第一轮：注重人文情感的挖掘，激发学生对莫高窟的喜爱和民族自豪感。进行段落训练，根据课后习题让学生学会"列提纲"。在把握教材的时候稍有偏颇，注重段落的学习，注重工具性，而忽视了对语言文字本身的解读。

第二轮：我们还是感觉语文的人文性和工具性的结合不容易，不知如何把握。

---

[1] 郭先富."嵌入式"研修：内涵、特征与路径探析[J].中小学教材教学，2021(05):66-70.

[2] 孙国芳."深度卷入式"专业引领促进教师专业发展的研究[D].南京：南京师范大学，2008.（引用时有删改）

第三轮：专家参与，建议在学习课文的时候着重语言文字感悟，而将"工具性"另移，与单元习作相结合。这样就不需要"左顾右盼""左右兼顾"了。我们立即感觉把握教材中的主要问题迎刃而解了。

二、实践中的调整

教师将设计好的案例进行课堂实践，课题组成员、专家共同观课、评课，在多次的打磨中，前后变化非常大。现以《莫高窟》的教学设计中"解读课题"这一环节为例：

首次设计：

1. 今天我们学习一篇新的课文，板书课题：莫高窟

"莫高窟"是什么意思（查字典了解：莫高，没有比这更高；窟，洞穴。）

2. 为什么给洞穴取个名字叫"莫高窟"呢？——存疑（"佛教"是当时人们心中最重要的信仰，洞窟内所描绘的画面内容大都与佛教有关，表示了人们对佛教文化的顶礼膜拜。）

3. 等学完这篇课文后，再去思考这个问题，或许你会明白更多。

终结设计：

1. 今天我们一起来学习一篇新的课文——板书（莫高窟）——读——再读！

2. "窟"什么意思？（洞、洞穴）

师：古人造字时，很有意思，"穴"字头下要弯屈着身子就是"窟"

3. "莫高"什么意思？（查字典：没有比这更高的意思）

莫高窟：没有比这更高的洞穴。

4. 从它的名称你想到了什么？（地理位置高）

（三）总结反思，回归实践

嵌入式校本研修作为实施校本研修的一种模式，其最终目的是学校的发展、为了教师的成长和学生的发展。嵌入式校本研修的对象是教师，研修的问题来源于教学实践，最终也要应用于实践，在实践中检验教师研修

的成效是否达到预期的目标。因此，嵌入式校本研修不仅是教师基于真实的教学问题展开深入学习，将专业学习嵌入教师日常教育教学工作以促进自我专业发展的过程；也是一个在实践中基于教学反思不断改进和调整教学，完善和优化课堂教学的过程，即"实践—反思—再实践"的过程。

嵌入式校本研修其最大的特点是团队协作性，同时强调研修共同体的建设。因此，在嵌入式校本研修的"实践—反思—再实践"过程中，也不可缺少了研修共同体的共同协作。研修共同体的成员不是随意组合的，而是依据不同的学科或教师发展需求。如可以根据不同学科建立以学科为主的研修共同体，这一研修共同体成员不仅包括同一年级同一学科的教师，也包括同一学科不同年级的教师。学校在组建教师研修共同体时，要充分发挥集体协作的力量。集体协作不仅体现于集体备课这一项功能，更主要的是在集体备课设计教学方案的基础之上深入授课教师的课堂教学，观察并对授课者的授课过程以及学生的学习行为进行分析和反思。对教学设计和课堂教学的反思不仅是教师个体的反思，也融入了集体的反思。以教师个体和集体的反思进行研修学习，共同探讨教学设计以及课堂教学是否体现新课改的教育理念以及如何对教学设计进行完善和优化，并在第一次实践和集体研修的基础之上展开第二次课堂教学实践，让研修的落脚点再次回归到教学实践中。

## 实践—反思—实践[①]

在学校英语组开展"基于文本再构的有效教学设计"的课题研究背景下，我们四年级组老师针对牛津教材 4A Module1 Unit 3 What are you？一课进行了集体备课，通过"三实践两反思"的研究过程，力求探寻与文本编写和语篇教学理念相匹配的较为合理且有效的教学方法，达到优化课堂教学的目的。实践和反思过程如下：

---

① 严慧.基于实践—反思的小学英语校本研修模式的探索[D].上海：上海师范大学，2011.（引用时有删改）

本课是关于职业介绍单元中的第一课时，教材提供了一首关于描写火灾场景和消防员现场救火工作的儿歌，这首儿歌语言简洁且朗朗上口，透过文字既能读出灾难现场的急迫感，又能感受到消防员工作的伟大。（教材文本：Look at the fire, fire, fire.Telephone 119.Bring the engine, engine, engine.Here are the firemen, firemen, firemen）此外教材还提供了Ben和Kitty间询问与该情景相关的职业的对话。（教材文本：What's he?He's an ambulance man.What's she?She's a policewoman.）

　　但是对四年级的学生来说，这样一首简单的儿歌和一段对话所呈现的语言量是相对有限的，因此我们在备课过程中决定仍将以这首儿歌所创设的情景为主线，在原来儿歌和对话的基础上通过改编的方式对文本进行再次创作。改编的文本以Ben和Kitty为主人公，除了消防员救火的情景，还增加了医护人员救死扶伤和警察抓小偷的情节，通过Ben的想法和言语从侧面体现消防员、救护员和警察工作的伟大，使情感教育这条线能够过程性地无痕地渗透在文本中。根据集体备课设计教学文本，并进行第一次实践。

　　第一次实践课后，组内老师发现，文本的趣味性比原先加强了，从学生的反应来看，学习兴趣相当高，但是对文本整体理解的反馈却并不如意，尤其是执教的李老师感觉更明显。通过探讨，大家一致认为重新改编的文本在语言量和语言难度上都超过了学生的实际语言水平。整篇文本共200多个字，其中生词超过20个，新的语言结构有3个，这些都给学生的理解造成了障碍。虽然文本的情节很生动，但由于篇幅较长，学生的阅读耐心受到极大的挑战，除了个别优秀学生（阅读词汇量较大），大多数学生看到一半就没有耐心再看下去了，而更多的是乐意听老师讲这个故事。

　　经过反思，大家得出了结论：好的文本不仅要有趣味性和教育性，更应优先考虑学生的实际能力，站在学生的立场思考文本切入的角度，只有符合学生实际需求的内容才是最有效的。在语篇教学设计方面，大家也悟出了并非一下子完整地呈现整篇文本就是体现文本整体理解和由整体到局部的设计理念，这样做反而会削弱学生的阅读兴趣。

在第一次实践反思的基础上，我们进行了第二次教学实践，我们对文本和教学设计进行了修改。这次的文本保留了原来的情节和本课主要的新授内容，删减了交代情节的描述性语句，修改后的文本共150字左右，新授词汇12个，新授语言结构2个。结合组内教师的讨论和反思结果，在第一次课文文本的基础上不断修改完善，并进行第二次实践课。

第二次执教的是纪老师，她的教学设计在李老师的基础上做了调整，考虑到文本较长，且三段之间语言结构相同但情节上没有太大关联等方面的因素，纪老师变一下子完整呈现语篇为逐段呈现。在每段呈现方式上，纪老师也做了精心设计，运用了听、读、讲等多种文本呈现方式，每次出现后都有相应的练习和活动进行检测，通过三段的讲解，学生对'Look at the...Telephone...Bring the... Here are the...'和'I'm going to be...'的语言结构基本上都能掌握，较之第一次实践课，课堂效果更显著。

但是在评课和反思阶段，组内老师又提出了一些新的建议：例如文本方面有老师提出，原先教材只有火灾的情景，消防员、救护员和警察这三种职业人是同时出现在这一个场景中，通过这三种职业人的分工协作，帮助人们处理突发事件。我们改编的文本呈现了三个情景分别来讲这三种职业人，这样虽然将每一种职业的特征讲解得很清楚，但却忽略了这些情景在现实生活中的真实性，以及教材本身想传递的"在社会生活中，各种职业人各自发挥着不同的作用，通过合作使我们的生活变得更美好"的主旨。也正因为文本呈现了三个情景，导致教师在进行教学设计时花了相同的时间和笔墨去讲解这三段，而三段的语言结构又是完全一样的，因此产生了"越讲到后面学生的兴趣越低"和"教师讲解过多，学生操练太少"的问题。

为了弥补这些不足之处，使这节课的文本和教学设计能够达到完美，我们又展开了第三次教学实践。把文本情景统一在火灾现场，三种职业人同时出现在火灾现场进行合作。在教学设计上以教师精讲消防员的工作为重点，教授'Look at the...Telephone...Bring the...Here are the...'这一结构；而救护员和警察的工作以辅助文本的形式出现，让学生试着自己说，教师通过渐减指导帮助学生达到语用输出的目的。

在课后的反思中，大家普遍觉得第三次的教学文本和设计是最有效，最完善的。文本通过不断地修改在篇幅和难度上都比较符合学生的能力，且整节课中学生始终保持着良好的学习兴趣，通过听、读、说、演等方式加深对文本的理解和熟练对语言的运用。

在实践反思的循环上升的过程中，大家通过集体备课，不断发现遗憾和不足，不断集思广益寻求对策，不断分享经验和碰撞智慧，使文本设计和教学设计不断优化。

### 三、嵌入式校本研修实施意义

实施嵌入式校本研修应为教师创造主动学习的环境，将教师的日常教育教学工作与专业学习相结合，通过自我反思、同伴协作、专家引领等多种途径提升教师的专业知识水平，促进教师教育理念的更新以及教育教学能力的提高。这要求学校转变以往传统的校本培训等自上而下的教师培训模式，激发教师自我提升的内在学习动力，充分发挥教师在研修过程中的主体性，提高教师参与校本研修的积极性，让自我发展和自主学习的观念深入教师工作，以教师促进自身发展的内在动力推动教师踊跃参与嵌入式校本研修。

#### （一）培养教师的学习意识

随着中共中央、国务院《关于全面深化新时代教师队伍建设改革的意见》的出台，高质量教师队伍建设的需求成为教育改革的发展之重，但是仍有不少教师认为以自己的学历足以胜任目前的教学工作，或是认为自己从事教育教学工作数十年，积累了丰富的教育实践经验，没有必要再进行专业性的学习。然而随着信息化社会的不断发展，知识更新的速度远胜于我们时间积累的速度，社会发展的变革和课程改革的深入推进迫使教师必须不断学习充实自己，不断更新自己的知识体系，因此培养教师的自主学习和主动学习的意识迫在眉睫。

建构主义理论认为学习不是被动的知识传递的过程，而是学习者在自己已有的知识经验的基础之上与外部的信息主动地选择、加工和处理，从而建构新的知识结构的过程。嵌入式校本研修以教师原有的教育教学知识为基点，通过多种途径助推教师的学习需求，在教师原有的知识结构上提出与教育教学有关的新概念和新理念，让教师自主、主动地通过新旧知识的相互碰撞与冲突，将新知识的学习有机地嵌入，更新自己的知识结构。从成人学习视角来看，成人学习具有学习目标明确性、学习动机内发性、学习资源丰富性、学习方式自主性、学习形式灵活性等特点。[①] 而教师作为具有独立的自我概念的成人，对自己的教育教学能力、对待工作的态度、学习的能力等方面都有清楚的认知；同时在教育教学的实践中积累了丰富的教育教学相关经验，对自己的发展目标也有明确的把握。因此，教师积极主动地进行自我学习是提升专业知识水平的有效途径，而教师能够自觉、主动进行学习的关键在于教师自主学习意识的养成。

嵌入式校本研修首先在研修主体上尊重了教师作为成人学习者的独立性人格，有目的地指导教师如何在日常的教育教学工作中把握自己的发展需求，明确研修学习的目标，促进自身自主学习意识的养成和能力的提高。其次在研修的过程中，尊重了教师自身的教育教学经验以及原有的知识水平，立足于教师已有的经验，通过专家引领、教学反思、团队协作等方式，激发教师内在的对新知识的求知欲，培养教师自主学习意识。最后在研修学习的空间上，教师的自主学习大都发生在他们日常的教育教学工作场域中，基于真实情境有机地嵌入他们的教育教学工作实践中，学习与工作融会贯通，不可分割，具有极强的自我导向性。

---

① 杨成利. 成人学习特点及其策略探析 [J]. 河北大学成人教育学院学报，2009，11(04):32-34.

## （二）促进教师的专业成长

随着教育的发展和教育改革的不断深入，高质量教师队伍建设成为教育界的关注点，教师作为整个教育变革的最重要、最关键、最基础的力量[①]，教师的专业成长也成了教育焦点。在传统的教师观念中，教师的教学仅仅是一种实践性的学习，因此极为重视教师实践经验的积累，而忽视了教师专业性知识的学习以及终身学习习惯的培养。但是，随着终身学习浪潮的影响以及社会对高质量教育教学的追求，只依靠教育实践的经验教训已然不再适应时代的发展要求，"一朝受教，终身受用"的传统观点也遭遇挑战。我们曾经说，作为教师要给学生一杯水自己必须有一桶水，现在看来，给学生一杯水自己有一桶水是远远不够的，教师需要做一条小溪、一条小河，不断地进行自我更新、自我创造。[②] 如果教师仍固守着落后陈旧的教育理念，不仅会影响教师个人的职业发展，更会影响到学生和学校的发展。因此，嵌入式校本研修作为促进教师专业能力提升的有效途径，受到教师及学校的关注。

新课程改革要求教师应该是教育教学的研究者，而校本研修是转变教师角色的有效途径之一，但受限于传统教育观念的影响，仍有大部分的校本研修将教学实践与教学研究相分离抑或研修仅停留在实践性知识的学习上，难以激发教师自我知识更新的内在需求。教师的自我更新是专业发展的内在机制，"自觉"与"自主"成为教师专业发展的关键。[③] 嵌入式校本研修则基于教师日常教育教学工作中产生的实际问题，以解决教育教学中的实际问题为落脚点，将校本研修的目标嵌入教师自我发展需求中，激发教师主动、自觉地参与校本研修以提升自己的专业能力。同时嵌入式校本研修将教师的专业学习有机地嵌入教师日常的教育教学工作中，让教师边实践边研究，即"教""研"合一，并及时地给予教师以正向的反馈，让教

---

① 朱永新.论新教育实验的教师专业发展[J].大连教育学院学报，2010，26(02):1-6.
② 代蕊华.教师专业发展与校本培训[M] 北京：教育科学出版社，2011.
③ 刘晓辉.校本研修与教师专业发展研究[J].教育探索，2006(08):113-114.

师自主、主动地追求自身的专业成长。

## 第三节　嵌入式校本研修关键

随着新课程改革的进一步推进,教育界不仅关注到以学生为中心的学生主体地位的体现,同时也将目光转移到了教师身上:如何将新课改的先进教育理念有效地运用于教师的教学实际中,如何应对新课改实践过程中出现的一系列问题,如何让新课改的精神得到体现……由此,校本研修作为一种自下而上的教研补充机制应运而生。随着新课程改革从强调学生的综合素质的提高到强调学生核心素养的发展阶段,学校校本研修发展进入瓶颈期。在此背景之下,嵌入式校本研修模式应运而生。嵌入式校本研修将教师的学习空间和工作空间进行了融合,为教师在日常工作中融入专业学习创造了机会,营造了能激发教师主动学习的环境氛围。但是,在实际的嵌入式校本研修活动中,由于教师对嵌入式研修的认识尚未达到了如指掌的状态,对嵌入式研修模式的特点和实施的过程掌握不够充分,因此在实施的过程中存在着研修共同体的建立不够合理、理论学习不够充分、研修评价标准混乱等问题。这种情况下嵌入式研修或许能够激发教师一时的研修热情,但是却不利于教师进行持续性的自主学习,也无法让对专业知识的学习与日常教学工作不可分割的观点根植于教师的心中。要解决嵌入式校本研修存在的种种问题,需注意以下几个关键点。

### 一、嵌入式校本研修应激发教师的研修热情

自 2003 年教育部副部长王湛提出"建立以校为本的教研制度,是促进教师专业发展的必然要求,将有利于创造教师间互相关爱、互相帮助、互相切磋、交流的学校文化,使学校不仅成为学生成长的场所,同时也成为教师成就事业,不断学习和提高的学习型组织"以来,校本研修成为学校发展和教师学习的一种新模式,各地的校本研修活动如火如荼进行着。但

由于校本研修仍处于发展阶段，在实施的过程中仍存在着许多问题，其中影响校本研修开展的最大问题在于教师参与研修的热情不高。这一问题有两方面的原因，一是源于学校校本研修制度制定的不完善，教师参与校本研修往往是源于外部教育政策或是学校管理者的强制要求，而非发自教师自我提升的内部需求。与此同时，教师除了日常的教育教学工作以外还需要应付上级的检查、班级的管理等与教学无关的事务，校本研修在此情境下更像是增加给教师的额外工作。二是在研修内容和方式上，很多学校把校本研修等同于学科教研组活动，成为各学科教研组常规活动布置与传达的例行公事，缺乏顶层规划、长期目标和阶段计划，同时教学知识与技能往往从资深教师单向传递给青年教师，青年教师主要是模仿、参照资深教师的教学示范，青年教师在研修过程中缺乏话语权。[1]这样的校本研修既不能激发教师的内部需求，短期内又无法让教师通过校本研修使自身的能力得到提升，教师参与校本研修的积极性自然就大大降低了。

基于校本研修中教师参与度不高的问题，嵌入式校本研修从研修目的、研修内容和研修方式上为教师研修提出了新的途径，提高教师自主、主动参与校本研修的积极性。首先，嵌入式校本研修的开始源自教师对自身在教育教学实践中遇到的问题的思考，研修活动的主题并非由上级领导或是专家教授指定的，来源于教师对教学问题经过共同讨论决定的，研修活动的展开是由教师基于自身发展的内在需求推动的。其次，研修的方式不是自上而下的单向知识传授，也不是对名师教学案例、教学方式的简单模仿，而是先由教师基于实际教学中的问题，通过对学科知识、教学规律、学生发展等专业的理论知识的学习寻找解决问题的根源，再由研修共同体中的同伴互助、专家指导等形式进行集体的研修活动，而在此过程中，每一位教师都有发表观点和参与讨论的机会，研修也不仅停留在实践性知识的层面，而是深入到理论知识的习得。最后，嵌入式校本研修最终的目的是促

---

[1] 李树培，魏非.中小学校本研修的问题、缘由与路径[J].教师教育研究，2019，31(02)：37-41.

进教师自身专业能力的发展，提高教师的教育教学与研究的水平，其本质在于通过自身的专业成长实现教师的职业价值，追求教师的职业幸福感和成就感。

### 二、嵌入式校本研修应注重研修的持续性

意大利杰出的幼儿教育思想家和改革家蒙台梭利说过，我听过了，我就忘了；我看见了，我就记得了；我做过了，我就理解了。"在日常的学校工作中，面向教师的校本培训、专题讲座、经验分享会等教师再教育活动接连不断，教师参加学校或教育界举办的各种讲座与研讨会成为教师工作与学习的一部分。这些专题讲座、教师研讨会等虽是为教师量身定做，但都是以单个的、独立的问题或话题作为培训的主题，大多是由于学校管理政策，或是教育改革热点问题，抑或是教育法律法规等外在需求而开展。在内容上存在两个极端情况：一是每一次讲座的内容没有任何的连续性或关联性，每一次培训都是一个新的开始；二是讲座的主讲人和开展的时间不同，但是内容却与之前参加过的讲座存在重复性，教师花费双倍的时间却只获得了一次成长的机会。与此同时，基于学科教研组为主的校本研修将研修的范围缩小到教材和教学上，每一次的研修都是基于教材上某一单元的集体备课、议课和评课，单元学习完成后，阶段性的研修学习就直接画上句号，投入下一单元的研修学习。

嵌入式校本研修强调将教师专业知识的学习有机地嵌入教师的日常教育教学工作当中，将教师的工作与学习紧密地联系在一起，这说明了教师的专业学习并不是独立的学习，而是一个长期的、持续性的学习过程。教师的专业学习也不是一蹴而就的，而是需要有计划、有目标地进行长期的学习，在学习的过程中逐渐提升自身的能力，实现教师的专业成长。因此实施嵌入式校本研修需注意研修学习的连续性，其包含两个方面的做法：其一是注重嵌入式校本研修学习的长期性和研修内容之间的连续性，寻找每一次研修学习之间的连接点，将每一阶段的研修学习进行有机地串联；

其二是重视嵌入式校本研修学习的后续拓展，通过专业理论的学习，解决问题之后必须在实践中继续检验研修的成果，又在实践中再次发现存在的不足并进行多次的校本研修，以促进教师的超长程发展。

### 三、嵌入式校本研修应以发展性评价为主

一个完整的嵌入式校本研修学习过程断然不可缺少考核与评价，教育评价不仅在教师研修学习中发挥着诊断、导向、激励的重要功能，同时也影响着教师参与研修学习的积极性和主动性。科学合理的考核评价，不仅为教师的入职、晋升、聘任、培训和奖惩提供了基础和依据，也有助于调动教师的积极性和创造性，促进教师教学、科研水平和工作效率的提高，从而整体提升教师队伍整体素质和水平。[①] 但是在实际的校本研修评价实施过程中，不管是学校管理层面还是教师自我评价层面，仍存在着以下问题：一是校本研修评价体系的不完善，对教师参与研修学习的考核标准与评价标准一般由学校管理层面自行制定，具有较强的主观随意性。不仅忽视了研修评价的可行性和科学性，同时以统一的标准评价所有教师的研修学习，忽视了不同研修团体以及学科之间的差异。二是只关注研修的结果性评价，如单一的以研修学习后教师所撰写的教学研究报告、教学反思、学习心得等作为教师评价、教师研修学习的标准，忽视了对教师在嵌入式校本研修过程中的学习能力、研究水平的提高等方面的发展性评价，对教师参与研修学习的成果没有做出全面的审视。三是研修评价缺乏连续性，将教师每一次的研修评价割裂开来，没有重视前一次研修与下一次研修之间的差异性评价。

实施嵌入式校本研修评价的最终目的不仅仅是为了证明和检验教师的研修成果，更是让教师通过评价不断地改进学习。因此，在嵌入式校本研修过程中绝不能忽视发展性评价的作用，将教师的发展性评价放在关键的

---

① 焦师文.坚持发展性评价方向 推进教师考核评价改革[J].中国高等教育，2014(10):30-32.

位置。发展性评价注重了教师参与嵌入式校本研修学习的过程，关注到教师在研修学习过程中的成长变化，同时也能通过评价与反思发现研修过程中存在的问题并及时地修正。发展性评价虽然将更多的重点放在了教师当前研修学习以及学习能力的表现与提升，但是其落脚点仍然是着眼于教师未来的持续性发展。此外，在进行教师的发展性评价时应注意，不仅要重视研修共同体内集体与他人或是学校领导对自己的评价，教师也应时时对自己的研修学习进行自我评价，将他评与自评相结合，多渠道多途径获得批评和反馈，使自己对自身研修学习的评价更为客观和全面。除此之外，教师每一次参与的嵌入式校本研修模式都不是孤立存在的单独研修，而是一个连续性的研修学习过程，更是教师终身学习的过程。因此，教师在进行评价时，不能将每一次的研修学习孤立开来，而是要关注到每一次研修学习与上一次的发展差异，结合研修学习连续性的特点，将发展性评价嵌入每一次的研修学习中来。

# 实 践 篇

# 第六章　　典型校本研修案例

在教育改革不断深化的背景下，校本研修作为提升教师专业素养、促进教学质量提升的重要途径，正日益受到各级教育部门和学校的重视。本章精选了多个具有代表性和创新性的研修实践案例，旨在通过深入分析这些案例的经验和实践模式，为广大教育工作者提供可借鉴、可复制的操作路径。这些案例涵盖了从课例式研修到主题式研修，从嵌入式研修到问题会诊式研修等多种研修形式，展现了校本研修的多样性和灵活性。浦东新区"校本课例精修工作坊"通过组建教学专家、教研员和一线教师的工作坊团队，采用理论讲解、案例分析、反思总结等多元化方式，有效提升了教师的教学能力和专业素养。柳江中学则以"学习目标规范叙写"为主题，通过系统的研修流程，帮助教师掌握了规范叙写学习目标的方法，实现了教学过程的精准施策和教学效果的显著提升。此外，本章还深入探讨了嵌入式研修的实施策略与效果，以重庆市融汇沙坪坝小学为例，展示了如何通过需求分析与空间规划、嵌入式课程空间建设等措施，将研修活动自然融入教师的日常工作中，形成工作与学习的高度融合。同时，案例中还强调了团队合作与资源共享的重要性，通过构建稳固的研修社群，提供个性化的特需预约专修课程等方式，促进了教师的互助成长和共同进步。

了解不同类型校本研修案例的具体实施过程与成效，还能从中汲取到关于研修方案设计、资源准备、环境布置、实施步骤等方面的宝贵经验。这些案例不仅展示了校本研修的广阔空间和无限可能，更为我们提供了推动教师专业成长，提升教学质量的新思路和新方法。

## 第一节  课例式研修激活行动密码
——浦东新区课例式校本研修的实践

浦东系列"校本课例精修工作坊"是在校本研修视域下，浦东新区以中式课例研究为基础，通过课程化的方式，提升教师教学能力和专业素养的一种研修模式。该模式强调实践导向、按需研修，注重在真实教学情境中解决教学问题，促进教师专业成长。以下将从工作坊的筹备、实施到总结反馈等环节进行具体阐述。

### 一、引入案例

**浦东新区"校本课例精修工作坊"主题式校本研修的实践**[①]

一、前期准备阶段

（一）需求分析与目标设定

在前期准备阶段，需求分析与目标设定是首要任务。这一阶段的工作直接关系到后续工作坊的针对性和实效性。

需求分析：通过问卷调查、访谈、座谈会等多种方式，广泛收集教师们在教学中的困惑、需求及期望。这些需求可能涉及教学理念、教学方法、教学技术等多个方面。通过数据分析，提炼出共性和个性的需求，为后续工作坊的主题设定和方案设计提供有力支撑。

目标设定：基于需求分析的结果，设定明确、具体、可达成的工作坊目标。这些目标应涵盖教师专业技能的提升、教学理念的更新、教学方法的改进等多个维度。同时，目标应具有可操作性和可评估性，以便在工作

---

[①] 王丽琴.校本研修视域下的中式课例研究及其课程化：以浦东系列"校本课例精修工作坊"为例[J].教育发展研究，2019(18):52-58.（引用时有删改）

坊实施过程中进行监控和调整。

（二）团队组建与方案设计

一个高效的团队是工作坊成功实施的重要保障。在团队组建方面，应注重成员的多样性和专业性，包括教学专家、教研员、一线教师等。通过团队的共同协作，确保工作坊方案的科学性和可行性。

团队组建：组建由教学专家、教研员和一线教师组成的工作坊团队。团队成员应具有扎实的理论基础和丰富的教学实践经验，能够针对教师需求提供有效的指导和支持。

方案设计：根据需求分析和目标设定，设计详细的工作坊方案。方案应包括工作坊的主题、内容、形式、时间安排、评价方式等多个方面。同时，应充分考虑教师的实际情况和学习特点，确保方案的针对性和实效性。

（三）资源准备与环境布置

资源准备与环境布置是工作坊成功实施的基础。在这一阶段，需要准备相关的教学资源、学习材料以及必要的教学设备，并布置适宜的学习环境。

资源准备：根据工作坊方案，准备相关的教学资源和学习材料。这些资源可能包括教学视频、案例分析、阅读材料、教学工具等。同时，应确保这些资源的准确性和权威性，以便为教师提供有效的学习支持。

环境布置：根据工作坊的特点和需求，布置适宜的学习环境，这包括教室的布置、教学设备的调试、学习资料的摆放等。通过良好的环境布置，为教师营造一个舒适、温馨的学习氛围，激发他们的学习积极性和创造力。

二、实施阶段

（一）开场与导入

开场与导入是工作坊实施的第一步。通过简洁明了的开场致辞和导入活动，帮助教师了解工作坊的目的、意义及流程安排，激发他们的学习兴趣和参与热情。

开场致辞：由工作坊负责人或主持人进行开场致辞，介绍工作坊的背景、目的、意义及流程安排。致辞应简洁明了、富有感染力，能够迅速吸引教师的注意力并激发他们的学习兴趣。

导入活动：通过简短的导入活动，如案例分析、小组讨论等，引导教师进入工作坊的学习状态。这些活动应紧扣工作坊主题，能够激发教师的思考并引出后续的学习内容。

（二）主题学习与研讨

主题学习与研讨是工作坊的核心环节。在这一环节中，教师将围绕工作坊的主题进行深入学习和研讨，通过理论讲解、案例分析、小组讨论等多种形式，不断提升自己的教学能力和专业素养。

理论讲解：由教学专家或教研员进行理论讲解，帮助教师了解相关的教育理念和教学方法。讲解应深入浅出、理论联系实际，能够引导教师深入思考并形成自己的见解。

案例分析：选取典型的教学案例进行剖析和讨论。这些案例应具有代表性和启发性，能够引发教师的共鸣和思考。通过案例分析，教师可以学习到优秀的教学经验和教学方法，并反思自己的教学实践。

小组讨论：组织教师进行小组讨论或合作学习。通过小组讨论，教师可以分享自己的教学经验和困惑，共同探讨解决问题的方法。同时，小组讨论还能够培养教师的合作意识和团队精神。

（三）实践操作与反思

实践操作与反思是工作坊的重要环节。在这一环节中，教师将运用所学知识和技能进行实践操作和反思总结，通过亲身体验和深入反思，不断提升自己的教学能力和专业素养。

实践操作：组织教师进行课堂观摩、教学示范或模拟教学等实践活动。通过实践操作，教师可以亲身体验到新的教学方法和技巧，并发现自己在教学中存在的问题和不足。

反思总结：引导教师对实践操作进行反思和总结。反思内容可以包括教学目标的达成情况、教学方法的适用性、学生反馈的收集与分析等。通过反思总结，教师可以更加清晰地认识到自己的教学特点和优势劣势，并制订出改进计划。

## 二、案例分析

### （一）设计思路

1. 需求导向，目标明确

浦东新区"校本课例精修工作坊"通过问卷调查、访谈等多种方式广泛收集教师需求，确保工作坊的主题紧密贴合教师实际教学需求，避免研修内容与教学实践脱节。同时，目标明确，设定了具体、可达成的工作坊目标，不仅涵盖教师专业技能的提升，还注重教学理念的更新，确保研修方向清晰，为教师成长提供明确指引。

2. 团队专业，方案科学

浦东新区"校本课例精修工作坊"组建了一支成员多样的团队，涵盖教学专家、教研员及一线教师，确保方案设计既专业又可行。基于深入的需求分析和明确的目标设定，团队科学设计了工作坊方案，详尽规划了主题、内容、形式及时间安排，为研修活动的顺利开展奠定了坚实基础，确保了研修过程的有序性和高效性。

3. 资源丰富，环境适宜

浦东新区"校本课例精修工作坊"注重资源的全面准备，为教师提供了丰富的教学视频、案例分析等学习资源，确保每位教师都能获得高质量的学习支持。同时，工作坊精心布置了舒适、温馨的学习环境，营造出积极向上的学习氛围，有效激发了教师的学习热情和创造力，为研修活动的成功开展奠定了坚实的基础。

### （二）实施步骤

1. 前期准备充分

前期准备充分是浦东新区"校本课例精修工作坊"成功的关键。通过问卷调查、访谈等多种方式，深入调研教师需求，确保研修主题紧密贴合教学实际。同时，组建了一支由教学专家、教研员和一线教师组成的专业团队，明确分工，为工作坊的顺利实施提供了有力保障。此外，还制定了详细的工作坊方案，涵盖主题、内容、形式等多个方面，确保研修活动有条不紊地进行。

2. 开场导入有效

工作坊以简洁明了的开场致辞为开端，详细介绍了工作坊的背景、目的及流程安排，迅速激发了教师们的学习兴趣。紧接着，通过精心设计的案例分析、小组讨论等导入活动，进一步引导教师深入思考并融入学习状态，为后续的主题学习与研讨奠定了坚实的基础。

3. 主题学习与研讨深入

主题学习与研讨深入是浦东新区"校本课例精修工作坊"的核心环节。由教育专家亲自上阵，深入浅出地讲解先进的教育理念和教学方法，助力教师理论水平的飞跃。通过剖析典型教学案例，引导教师审视并反思自身教学实践，实现知识与经验的碰撞。此外，小组讨论更是教师们思想交锋的舞台，分享中碰撞智慧，困惑中求得答案，合作中强化团队精神，共促教学能力提升。

4. 实践操作与反思总结

实践操作与反思总结是浦东新区"校本课例精修工作坊"的关键环节。通过组织教师们进行课堂观摩、教学示范等实践活动，使他们能亲身体验并掌握最新的教学方法和技巧。随后，引导教师们进行深刻的反思总结，不仅审视教学目标的达成情况，还深入剖析实践操作中的问题与不足，从而提出针对性的改进措施，为教学质量的持续提升奠定坚实基础。

（三）注意事项

1. 常态化实施，确保教师参与度

浦东新区注重通过多样化的活动形式，如小组讨论、案例分析等，激发教师的学习兴趣，使研修过程更加生动有趣。同时，积极鼓励教师之间的互动交流，分享各自的教学经验和遇到的困惑，营造一个开放、合作的学习氛围，从而确保每位教师都能深度参与，共同推动研修工作的常态化和有效性。

2. 不断优化，注重实效性

浦东新区坚持目标导向，确保所有研修活动紧密围绕设定的教学目标展开，避免偏离主题。同时，高度重视教师的反馈意见，通过及时收集并认真分析，对研修内容、形式及过程进行灵活调整和优化，以确保研修活动更具针对性和实效性，真正满足教师的实际需求，提升他们的教学能力和专业素养。

3. 持续支持，强化后续跟进

在工作坊结束后，浦东新区还致力于为教师提供持续的支持和帮助，通过搭建交流平台、定期回访指导等方式，确保教师能够将在工作坊中学到的知识和技能有效地应用到教学实践中。同时，该区还重视对工作坊效果的评估和总结，通过收集反馈、分析数据，不断优化研修内容和形式，为后续的研修活动提供宝贵的参考和借鉴，推动教师的专业成长和学校教学质量的持续提升。

## 第二节　主题式研修构建专业发展蓝图

——广西柳州市柳江中学主题式校本研修的实践

在教育改革的新时代背景下，柳江中学积极响应新课程标准、新教材、新高考的要求，将提升学生核心素养作为学科教学的核心目标，为实现这一目标，柳江中学开展了以"学习目标规范叙写"为主题的研修活动。通过系统的研修流程，柳江中学的教师们逐渐掌握了规范叙写学习目标的方法，使教学目标更具科学性、主体性和可操作性，从而实现了教学过程的精准施策和教学效果的显著提升。

## 一、引入案例

### 柳江中学"学习目标规范叙写"主题式校本研修的实践[①]

一、明确研修目标与主题

（一）确立研修大主题

柳江中学在深入剖析当前教育发展趋势与自身教学实际的基础上，明确提出了研修的大主题——"素养导向教学背景下如何规范叙写学习目标"。这一主题的选择，不仅是对国家教育政策中强调的核心素养培养要求的积极响应，也是学校提升教学质量、促进学生全面发展的关键举措。通过规范学习目标叙写，学校期望能够引导教师更加精准地把握教学方向，确保教学活动紧密围绕学生核心素养的培养展开，从而有效提升教学质量和学生的学习效果。

（二）细化小主题，构建研修框架

在大主题框架下，柳江中学进一步细化了多个小主题，以构建全面、系统的研修框架。这些小主题包括：

目标叙写四大基本要素（A、B、C、D）的概念和内涵：详细解析行为主体（Audience）、行为动词（Behavior）、行为条件（Condition）和表现程度（Degree）这四个关键要素，帮助教师明确学习目标叙写的核心要素及其相互关系。

学习目标叙写的表述结构与规范叙写：通过案例分析、模板展示等方式，指导教师掌握学习目标叙写的正确表述结构和规范格式，确保学习目标的具体性、可观察性和可测量性。

课程标准与学习目标定位依据：深入解读课程标准，明确学习目标与

---

[①] 曹远卿、钟少敏."主题引领·五步互动"校本研修思考：以柳江中学"学习目标规范叙写"主题研修为例[J].好家长，2024（36）：33-35.（引用时有删改）

课程标准之间的关联，指导教师如何根据课程标准定位学习目标，确保教学目标的科学性和适切性。

国家目标、学段目标、单元目标与学时目标的层次关系与目标类别：梳理不同层级目标之间的内在联系和递进关系，帮助教师构建完整的目标体系，明确各层级目标的具体要求和实现路径。

基于目标叙写的教学设计与教学评价：探讨如何根据规范叙写的学习目标设计教学活动和评价方案，实现"教—学—评"一体化，促进学生学习目标的达成。

大单元整体教学目标设计规范叙写：针对大单元教学特点，指导教师如何设计具有整体性、连贯性和层次性的教学目标，确保大单元教学活动的有序进行和有效实施。

这些小主题的设定，不仅为研修活动提供了具体而清晰的方向，也确保了研修内容的全面性和深入性。

## 二、制订研修计划与负责部门

（一）制订详细研修计划

教学质量管理处作为负责部门，制订了详尽的研修计划。该计划充分考虑了研修活动的各个阶段和关键环节，包括前期准备、中期实施和后期总结与反馈等。通过明确时间节点、任务分工和预期成果等要素，确保研修活动能够按计划有序进行。

（二）明确负责部门与对象

负责部门：教学质量管理处作为研修活动的牵头部门，负责整体策划、组织与实施。该部门将充分发挥其专业优势和管理职能，为研修活动提供有力保障。

研修对象：研修对象涵盖了教师个人、教研组长与备课组长、全体教职工以及教研组与备课组等多个层面。通过点、线、面、体的全方位覆盖，确保每位教师都能参与到研修活动中来，共同提升专业素养和教学能力。

## 三、开展系统培训与研讨

（一）做好顶层设计，确保研修方向

教学质量管理处通过反复思考与讨论，制订了目标叙写研究推进计划。该计划系统谋划了各阶段的研究活动，包括理论学习、案例分析、实践操作、反思总结等多个环节。通过科学规划和合理布局，确保研修活动既有理论支撑又有实际行动，能够取得实实在在的成效。

（二）实施扎实培训，提升教师素养

**邀请专家讲座**：初期阶段，学校邀请了华东师范大学博士生导师朱教授通过网络直播进行基本理论培训。朱教授的讲座深入浅出、内容丰富，为全校教师打开了目标叙写的大门，激发了教师们参与研修的热情和动力。

**分类分层培训**：在专家讲座的基础上，学校利用网络资源、专家资源和校内资源，分类、分层开展系列扎实有效的培训活动。针对不同层次和需求的教师群体，设计不同的培训内容和形式，确保每位教师都能得到针对性的指导和帮助。

（三）集体研讨与备课，深化研修成果

**备课组研讨**：备课组作为研修的基本单位，聚焦目标叙写基本要素的行为动词精准研究。通过学科研讨和集体备课等方式，备课组成员共同界定学科关键行为动词，明晰学生的学习路径或心路历程。这种集体智慧的碰撞和融合，不仅提升了备课组整体的教学设计水平，也为后续的课堂观察与量化评价提供了有力支持。

**集体备课**：通过集体备课活动，教师们共同优化学科教学设计活动。在备课过程中，教师们渗透"教—学—评"一体化的教学理念，将学习目标叙写与教学活动设计紧密结合起来。这种教学方式的转变不仅提升了教师的教学设计能力还促进了学生核心素养的全面发展。

四、课堂观察与量化评价

（一）编制课堂观察量表，提供量化工具

为避免目标叙写与课堂教学实施脱节的情况发生，教学质量管理处精心编制了"柳江中学'目标叙写＋教学评价'课堂观察量表"。该量表设计了教材解读能力、学习目标叙写、教学设计与教学过程、教学评价四个维度共 20 个二级指标。这些指标全面覆盖了课堂教学的各个环节和要素,为课堂评价提供了科学、客观的量化工具。

(二)实施课堂观察,检验研修成效

备课组统一使用课堂观察量表对公开课课例进行展示与评价。通过课堂观察活动,教师们能够直观地看到学习目标叙写在课堂教学中的实际应用情况及其对学生学习效果的影响。同时教师们还能够针对观察中发现的问题进行深入分析和讨论提出改进建议和优化方案。这种基于实证的研修方式不仅提升了教师们的课堂观察能力和评价能力,还促进了研修成果的转化和应用。

五、反馈与总结

(一)课后反馈与研讨,持续优化教学

每次课堂观察后学校都会组织教师进行反馈与研讨活动。在反馈环节中教师们积极分享自己的观察感受和思考体会针对观察中发现的问题进行深入分析和讨论。通过集体智慧的碰撞和融合教师们能够找到问题的症结所在并提出切实可行的改进建议和优化方案。这种基于反馈的持续优化机制不仅提升了教师们的教学反思能力和问题解决能力,还促进了教学质量的不断提升。

(二)学期总结与评估,激励先进鞭策后进

每学期末各教研组长会对本学期的研修工作进行汇报交流展示工作实绩与特色。通过汇报交流活动,教师们能够相互学习借鉴优秀经验和做法,共同提升专业素养和教学能力。同时学校还会对各教研组进行工作评价,评价维度包括团队合作精神、组织理论学习、开展校本研修等 10 个方面。评价结果与教师绩效挂钩,激励先进鞭策后进形成了一种良好的竞争氛围和激励机制。这种基于评价的激励机制不仅激发了教师们参与研修活动的积极性和主动性,还促进了学校整体教学质量的不断提升。

## 二、案例分析

### （一）设计思路

1. 问题导向，精准定位

柳江中学首先通过深入分析本校课堂教学存在的难点痛点问题，如课程标准的导向作用发挥不够、课堂教学目标意识薄弱、目标叙写不规范等，明确了研修的出发点和必要性。在此基础上，学校聚焦核心素养的养成，将这一教育目标作为研修的核心，强调通过规范学习目标叙写来促进学生适应终身发展和社会发展的必备品格、关键能力和价值观的培养，从而确保研修活动能够精准对接教学实际，有效提升教学质量。

2. 系统规划，整体解决问题

柳江中学在推进"学习目标规范叙写"校本研修时，首先进行了全面而系统的顶层设计，要在一个大主题之下设计分主题，从整体上提升全校或整个学科组的教研水平和教学质量。制订了包括研修主题、明确目标、具体对象及指定负责部门在内的详尽计划，确保了研修活动的整体性和有序性。在此基础上，学校采取分层推进的策略，不仅针对教师个人进行重点培养，还涵盖了教研组长、备课组长及全体教职工，通过点、线、面、体的多层次结构，确保研修活动的全面覆盖和深度渗透，实现全校教师的共同参与和共同进步。

3. 在实践中提升理论水平

柳江中学在推进"学习目标规范叙写"校本研修过程中，注重理论与实践的紧密结合。一方面，通过邀请教育专家进行专题讲座、组织教师深入学习相关理论文献，系统地提升了教师对学习目标规范叙写的理论认识；另一方面，鼓励教师在实际教学中大胆实践所学理论，通过课堂观察、教学反思等手段，不断调整和完善教学设计，使理论在实践中得以验证与升华，进而显著提升了教师的教学效果和理论水平。

## （二）实施步骤

1. 前期准备与动员

为了确保"学习目标规范叙写"校本研修活动的顺利进行，柳江中学首先成立了教学质量管理处作为负责部门，明确各部门的职责分工，形成了有力的组织机构保障。随后，制定了详细的实施方案，精心规划了研修活动的每一个步骤、时间安排以及资源分配，确保了研修活动的系统性和可操作性。在此基础上，学校还召开了全校动员大会，向全体教师阐明了研修的重要意义和预期目标，进一步激发了教师的参与热情和积极性，为后续的研修活动奠定了坚实的基础。

2. 理论学习与培训

在"学习目标规范叙写"校本研修中，柳江中学通过一系列理论学习与培训活动，深化教师对规范叙写学习目标的理解与掌握。学校积极邀请教育专家举办专题讲座，详细阐述学习目标规范叙写的基本理论、方法和技巧，为教师提供了权威的指导。同时，根据教师的不同层次和需求，开展分层培训，确保每位教师都能获得针对性的辅导。此外，学校还注重资源建设，整理汇编了丰富的学习资料，构建了校本研修资源库，为教师提供了便捷、高效的学习途径，有效促进了教师的专业成长和教学能力的提升。

3. 实践探索与反思

在"学习目标规范叙写"校本研修中，柳江中学注重实践探索与反思的有机结合。教师被鼓励将所学理论应用于课堂实践，通过规范叙写学习目标并设计相应的教学评价任务与实施策略，检验其有效性。同时，学校组织教师开展课堂观察活动，利用专门的"柳江中学'目标叙写＋教学评价'课堂观察量表"进行量化评价，及时发现教学过程中的问题并提出改进建议。此外，教师还被引导撰写教学反思日志或教学案例，系统地总结成功经验，深入分析存在的问题与不足，进而提出具体的改进措施，以此不断优化教学实践，提升教学质量。

4. 总结提升与成果展示

柳江中学在"学习目标规范叙写"校本研修中，注重总结提升与成果展示的双重推进。定期召开的研修总结会议，不仅全面总结了研修活动的成果与宝贵经验，还深刻剖析了存在的问题与不足，提炼出了一系列可复制、可推广的研修模式，为今后的教育教学改革提供了有力支撑。同时，通过教学公开课、教学论文、教学案例等多种形式的成果展示，不仅彰显了研修活动的丰硕成果，更激励了教师群体不断追求卓越，持续提升教育教学能力。此外，学校还根据研修活动的反馈和效果评估结果，灵活调整研修方案与实施策略，确保研修活动的持续性和有效性，为学校的内涵发展注入了新的活力。

（三）注意事项

1. 建立持续的反馈机制

在柳江中学的"学习目标规范叙写"校本研修中，我们构建了实时且有效的反馈机制，确保每位教师在研修过程中都能迅速获得关于学习目标叙写质量的精准反馈。这一机制涵盖了专家点评的专业视角、同伴互评的互鉴互补以及学生反馈的直接参考，多维度地帮助教师全面审视并了解自身在目标叙写上的优势与短板。教师据此灵活调整学习策略与方法，对于普遍性问题，通过集体研讨集思广益，寻找最佳解决路径；而针对个性化问题，则实施一对一的精准指导，确保每位教师都能在研修中不断进步，持续提升学习目标叙写的规范性和有效性。

2. 强化实践与应用的实效性

在柳江中学的"学习目标规范叙写"校本研修中，我们特别注重课例实践的重要性，积极鼓励教师将研修中学到的目标叙写技巧和方法付诸实际教学中，通过真实的课堂实践来检验并巩固研修成果。这一过程不仅促使教师将理论知识转化为实践能力，还显著提升了课堂教学效果。同时，我们强调教学反思的必要性，要求教师在每次实践后进行深入的自我审视，分析目标叙写如何影响学生的学习成效，总结经验，汲取教训，从而为后续的教学提供宝贵的经验和借鉴，真正实现实践与理论的有机结合，推动教学质量的持续进步。

3. 注重团队合作与资源共享

在推进"学习目标规范叙写"的校本研修过程中，我们始终强调团队合作的核心价值，鼓励教师之间形成紧密的学习共同体，相互学习、相互支持。通过定期的集体备课、教学研讨等活动，不仅促进了教师之间的深度交流与合作，还共同探索了提升目标叙写能力的有效途径。同时，我们建立了校本研修资源库，精心整理和分享了众多优秀的目标叙写案例、教学设计等资源，确保每位教师都能便捷地获取到高质量的研修素材，有效减少了重复劳动，显著提高了研修效率，进一步推动了全校教学质量的整体提升。

通过注意这些关键要点，柳江中学可以确保"学习目标规范叙写"主题式校本研修的顺利实施，并有效提升教师的目标叙写能力和教学质量。

## 第三节　问诊设计彰显教育智慧
——上海市松江区第六中学问诊式校本研修的实践

上海市松江区第六中学在"问题会诊式"校本研修方面进行了深入实践，形成了一套系统的操作流程。这一流程包括五个主要阶段：教师提出问题、备课组预诊问题、教研组会诊问题、备课组形成问题解决方案、教师教学实践并形成教学案例，实现了教师在教学实践中发现问题、分析问题、解决问题的闭环过程，有效促进了教师的专业成长和课堂教学质量的提升。

## 一、引入案例

### 上海市松江区第六中学问诊式校本研修实施流程[①]

一、教师提出问题（提出问题阶段）

（一）目的

每位教师根据自己的教学实践，提出当前面临的主要问题或有效经验，这些问题必须来源于教学实践，具有思考价值和开放性，能够激发参与者的多角度深入思考。

（二）操作方式

1.教师通过书面形式提交问题至学科备课组。

2.学校数学教研组在学期初请每位成员提出现阶段教学中的主要问题，由备课组长和教研组长负责汇总。

3.使用问卷星等工具进行统计分析，找出普遍存在的问题或主题。

（三）示例

数学教研组通过问卷星统计分析发现，组员的问题聚焦于校本作业未成体系及题目未达到"少而精"，影响了优秀生的培养。因此，确定了本学期研修会诊的问题——"如何设计一道好题目"。

二、备课组预诊问题（预诊问题阶段）

（一）目的

备课组长对教师提出的问题进行汇总分析，组织备课组内研讨，初步解决问题或提出解决方案。

（二）操作方式

1.备课组长汇总教师提出的问题，并进行初步整理和分析。

2.组织备课组内教师进行讨论，发表各自见解，形成初步的解决方案

---

[①] 丁玉."问题会诊式"校本研修实践探索[J].上海教育科研，2023（04）：61-65.（引用时有删改）

或思路。

3.将备课组内不能解决的问题或经验方法书面提交至教研组。

（三）示例

针对"如何设计一道好题目"的问题，备课组进行初步讨论，认为好题目应是与重要教学内容相关、与重要思想方法相关、学生解决起来有困难或思路奇特的题目。备课组推选一个或一组典型题目提交至教研组。

三、教研组会诊问题（会诊问题阶段）

（一）目的

教研组成员与专家共同解决重要问题，通过现场面对面会诊，形成更深入的解决方案。

（二）操作方式

1.教研组长汇总各备课组提交的问题，进行分析筛选，安排教研组研讨活动。

2.研讨活动由备课组指定教师陈述问题，其他成员提出自己的理解、思考和解决方案。

3.备课组指定教师做好研讨活动记录，确保问题解决的全面性和系统性。

（三）示例

在"如何设计一道好题目"的教研组活动中，备课组长团队的主发言人讲述选题背后的故事，包括题目的考查点、与其他题目的联系等。其他成员则对题目和讲评过程提出自己的认识和看法，共同讨论并优化题目设计。

四、备课组形成问题解决方案（形成解决方案阶段）

（一）目的

备课组根据教研组研讨活动的意见和建议，形成书面的问题解决方案或操作方法，通常以典型课例的形式呈现。

（二）操作方式

1.备课组长组织备课组教师，根据教研组研讨的结果，形成详细的解决方案或操作方法。

2.解决方案可能包括重新设计的课堂练习题、教学案例、教学反思等。

3.备课组还需对研修活动进行后续延伸，如整理"好题目"来"题生题"编变式题、整合类型题、撰写教学文章等。

（三）示例

如沪教版九年级数学教学第一学期"解直角三角形的应用"第一课时内容"仰角、俯角"，针对"仰角、俯角"的教学难点，备课组教师根据教研组会诊的结果，重新设计课堂练习题，将数学问题的背景换成更贴近学生生活的实际背景，让学生亲身测量来获取数量信息，并引导学生合理利用数量关系设元解三角形。备课组还撰写了课堂教学反思及教学案例，纳入校本资源库。

五、教师教学实践，形成教学案例（教学实践阶段）

（一）目的

教师根据问题解决方案或操作方法，开展课堂教学实践，检验教研活动成果，发现问题或经验，进一步研讨交流。

（二）操作方式

1.教师根据备课组形成的解决方案，开展课堂教学实践。

2.在教学实践中检验解决方案的有效性，发现问题或新的经验。

3.备课组长定期组织教师"回头看"，收集教师在应用"好题目"过程中发现的问题或新经验，不断完善解决方案。

（三）示例

关于"仰角、俯角"的题目设计，备课组教师根据解决方案重新设计课堂练习题，并在教学实践中进行检验。通过教学实践与反思，形成了此类问题解决的典型案例，并纳入校本资源库。备课组长还定期组织教师回顾和总结，不断完善"好题目"的设计和应用。

## 二、案例分析

### （一）设计思路

1. 把脉问诊要基于真实情景

在上海市松江区第六中学的问诊式校本研修实施案例中，"把脉问诊要基于真实情景"这一主题句得到充分体现。学校通过教师提出问题、备课组预诊、教研组会诊等阶段，确保研修活动始终紧扣教学实践中遇到的真实问题。这种基于真实情景的研修模式，不仅能够准确把脉教学中的症结所在，还能有效提升教师的专业发展水平，促进教学质量的持续优化。通过情景化学习，教师在研修中获得的解决方案更具针对性和操作性，为学校的整体教育质量的提升奠定了坚实基础。

2. 基于集体智慧进行"确诊"

在上海市松江区第六中学的问诊式校本研修中，"基于集体智慧进行'确诊'"是关键环节。通过备课组预诊、教研组会诊等阶段，教师们共同研讨、分析教学问题，充分发挥集体智慧的优势。这种集思广益的方式，不仅促进了教师间的交流与合作，还确保了问题诊断的准确性和科学性。集体智慧的汇聚，使得教学问题得到了全面、深入地剖析，为后续的问题解决和教学改进提供了有力支持。这一模式不仅提升了教师的专业素养，还增强了团队的凝聚力和战斗力。

3. 持续改进地"下对药"

在上海市松江区第六中学的问诊式校本研修中，"持续改进地'下对药'"是提升教学质量的核心。从备课组形成问题解决方案到教师教学实践，再到教学反思与案例整理，整个流程形成了闭环。通过不断地试错、修正与优化，教师们不仅解决了教学中的实际问题，还积累了丰富的教学经验。这种持续改进的研修机制，确保了"下对药"的精准性和有效性，推动了教师专业素养和教学质量的持续提升。

## （二）实施步骤

### 1. 提出问题，设计问题树

在上海市松江区第六中学的问诊式校本研修中，"提出问题，设计问题树"是研修活动的逻辑起点。每位教师首先针对教学实践中的真实问题进行提报，通过备课组的预诊与整合，将问题梳理成条理清晰的问题树。这一过程不仅使教师们明确了研修的具体方向，也促使他们更加深入地反思自己的教学实践，为后续的诊断与解决奠定了坚实基础。通过构建问题树，研修活动实现了问题聚焦与思维导向，促进了研修的深度与广度。

### 2. 组织研讨，共同会诊

在上海市松江区第六中学的问诊式校本研修中，"组织研讨，共同会诊"是提升教师专业能力的关键环节。备课组与教研组紧密合作，围绕问题树展开深入研讨，专家与教师共同参与，形成多角度、多层次的会诊机制。这一过程不仅促进了教师间的思维碰撞与经验交流，还激发了教师对教学问题的深度思考与创新解决策略。通过共同会诊，教师们不仅解决了实际问题，还提升了专业素养，为教学质量的持续提升注入了活力。

### 3. 形成诊断方案，磨课改进

在上海市松江区第六中学的问诊式校本研修中，"形成诊断方案，磨课改进"是研修活动的重要环节。备课组根据会诊结果，精心设计诊断方案，并通过磨课实践不断修正完善。这一过程强调理论与实践的结合，促使教师在实践中检验理论，在反思中提升教学能力。通过反复磨课与改进，教师们不仅解决了教学中的具体问题，还形成了可复制、可推广的教学经验，为校本研修的持续深化和教师专业成长奠定了坚实基础。

### 4. 不断反思，持续改进

在上海市松江区第六中学的问诊式校本研修中，"不断反思，持续改进"是贯穿始终的核心理念。教师们通过教学实践，不断反思教学过程中的得失，总结经验教训，并据此调整和优化教学方案。这种持续性的反思与改进机制，不仅促进了教师个人教学能力的提升，还推动了学校整体教学质量的稳步提高。通过不断地反思与改进，教师们能够紧跟教育发展的步伐，确保教学始终贴近学生需求，实现教育教学的最优化。

（三）注意事项

1. 要正视不足，问题要尖锐

教师需勇于自我剖析，直面教学中的不足与问题，不回避、不掩饰。问题的尖锐性能够激发团队的深度思考与广泛讨论，促进有效解决方案的生成。只有真正认识到问题的严重性，才能推动实质性的改进，提升研修的针对性和实效性，助力教师专业成长和学校教学质量的全面提升。

2. 要持开放态度，敢于"下真药"

要使研修真正产生实效，就要求所有参与教师保持开放的心态，接纳不同的观点和建议，不固守成规，勇于尝试新的教学方法和策略。面对教学中存在的问题，教师应敢于"下真药"，即采取切实有效的措施进行整改，不畏难、不退缩。通过开放的态度和敢于实践的精神，教师们能够更深入地分析问题，更精准地找到问题的症结所在，并制定出更具针对性的改进方案，从而推动校本研修取得实质性成效，促进教师专业发展和学校教育教学质量的持续提升。

3. 及时形成改进方案，并在课堂中检验

教师在发现问题后，要迅速组织研讨，提炼出切实可行的改进方案。更重要的是，这些方案不能仅停留在理论层面，必须通过课堂实践进行检验。教师们需将改进的方案融入日常教学，观察学生的反馈和教学效果，及时调整优化。这一过程不仅有助于验证方案的有效性，还能促进教师在实践中不断反思、学习和成长，从而全面提升教学质量和研修成效。

## 第四节　嵌入式研修拓展工作场域

### ——重庆融汇沙坪坝小学的实践案例

在核心素养引领课程改革的新阶段，中小学校本研修面临着成效持续递减的困境。为了应对这一挑战，重庆融汇沙坪坝小学积极探索嵌入教师日常工作情境的校本研修（简称"嵌入式校本研修"），旨在通过重构嵌入式时空、重组嵌入式研修社群、系统嵌入式研修课程、策划嵌入式长程实施和变革嵌入式成长性评价方式，实现学校研修的生态转型和教师专业成长的显著提升。这一系列举措不仅提升了教师的专业素养和教学能力，还增强了教师的职业幸福感和团队协作能力。

### 一、引入案例

#### 重庆融汇沙坪坝小学嵌入式校本研修的实践[①]

一、重构嵌入式时空

1. 需求分析与空间规划

重庆融汇沙坪坝小学首先进行了全面的需求分析，明确当前学校研修空间存在的问题，如资源分散、空间利用率低、交互性差等。基于这些分析，学校制定了详细的空间规划方案，旨在通过重构研修时空，为教师提供更加便捷、高效的学习与工作环境。

2. 嵌入式课程空间建设

学校着手打开封闭区域，贯通闲置空间，建设空间更大、包容性更强、交互性更好的学习空间。这些空间不仅用于学生课程学习，还兼顾了教师的研修需求。学校将图书、乐器、电脑等器材嵌入这些开放空间中，形成

---

[①] 郭先富.嵌入式研修：内涵、特征与路径探析：以重庆融汇沙坪坝小学基于工作场的校本研修变革为例[J].教育理论与实践，2021（20）：34-36.（引用时有删改）

了嵌入式楼层、嵌入式场馆和嵌入式办公室。这些嵌入式空间为教师提供了丰富的资源支持，使得他们能够在工作中随时获取所需的学习材料。

3. 嵌入式研修区设置

在每个楼层，学校将办公室改造成嵌入式办公区，这些办公区由"班级协作区""学科聚合区"和"嵌入研修区"组成。嵌入研修区是一个智能会议室，配备有先进的多媒体设备和舒适的座椅，方便教师在教学区和办公区高度融合的空间里随时进行研修活动。这种设计使得教师能够在工作中无缝切换到学习状态，提高了研修的效率和效果。

4. 广域嵌入式虚拟空间拓展

除了实体空间的重构外，学校还积极拓展广域嵌入式虚拟空间。通过网络平台，教师可以创建"三人行小课题研究分队""精品课例研修虚拟教研室"和"学导式名师读书社"等虚拟社群。这些虚拟社群打破了时间和空间的限制，使得教师能够在课后延时服务时段或其他碎片时间里进行团队研修和学术交流。此外，学校还鼓励教师利用网络平台开展"空中研修"，解决线下研修时间局促的问题。

二、重组嵌入式研修社群

1. 改良传统性研修社群

学校对传统的师带徒、备课组、教研组等研修社群进行了改良。通过嵌入专业带头人，这些传统社群焕发了新的活力。专业带头人在社群中发挥着引领作用，他们不仅传授专业知识，还分享教学经验和研修方法，促进了社群的共同进步。

2. 创新"三人行"研修社群

学校创新性地建立了"三人行"研修社群。这种社群具有自组织特性、内生性驱动和高频率运转的特点。每年（或每期）根据研修课题（或话题）自行组建或行政引导组建，形成多种形态的研修社群。社群成员因研究志趣而凝聚在一起，通过签订研修契约实现协同合作。这种小而快、快而灵的社群能够迅速捕捉到最敏感、最前沿、最鲜活的信息，为日常教学提供实践智慧。

3. 聚焦学导式研修社群

学校还建立了学导式研修社群，这种社群采用"1 名学员预约 1 位导师、聚焦 1 个专题、通过 N 次长程研修"的模式进行。学员通过预约导师获得个性化的指导，导师则根据学员的需求和兴趣制订研修计划。在研修过程中，学员与导师紧密合作，共同解决教学问题，提升专业素养。此外，学校还通过磨砺"种子教师"带动"影子教师"成长的方式，实现研修社群的集群助力效应。

三、系统嵌入式研修课程

1. 系统化教师阶段成长课程

学校根据教师专业学科、专业层次和个性特征，构建了系统化的教师阶段成长课程。这些课程包括入格、升格、优格、创格等不同阶段的研修模块。每个模块都包含了相应的研修内容和目标，帮助教师逐步提升自己的专业素养和教学能力。教师可以根据自己的实际情况和需求自主选择研修模块进行学习。

2. 结构化教师实践参与课程

学校将教师的教育教学问题具体化为系统任务，通过捕捉教学现象中的问题并梳理存在的困惑、运用理论对困惑进行多角度的阐释、选择用科学的方法设计解决方案、运用解决方案进行问题解决实践以及问题解决实践评价等五个环节实现碎片化学习的结构化。这种结构化设计使得教师能够系统地解决教学问题，提升实践能力和理论素养。

3. 个性化特需预约专修课程

学校还建立了个性化特需预约专修课程以满足教师的个性化需求。这些课程基于教师的个性化需求进行定制开发，每个专题都选择一个"种子"教师作为实践样本，组建一组"影子"教师团队进行研修。通过"N 次"实践的学习和探索，"种子"教师和"影子"教师共同实现个性化成长。这种具有私人订制和专家预约的研修课程为教师提供了更加精准和有效的成长路径。

四、策划嵌入式长程实施

1. 前延后续的"长程设计"

学校注重研修活动的长程设计以确保研修效果的持续性。每个研修主题都来源于教师个体日常教学中的问题且经过周密调研后确定。在研修过程中包括确定主题前延探讨、正式研习和后续延展三个主要阶段。

前延探讨阶段：在这一阶段，教师团队围绕研修主题进行深入的前期调研和讨论。通过文献回顾、案例分析、同行交流等方式，明确研修目标、预期成果及可能遇到的挑战。这一步骤旨在为后续研习打下坚实基础，确保研修活动有的放矢。

正式研习阶段：在前延探讨的基础上，进入正式的研习环节。学校组织教师参与专题讲座、工作坊、模拟教学等活动，通过理论学习与实践操作相结合的方式，深入理解研修主题，掌握相关知识和技能。同时，鼓励教师之间的合作与交流，分享经验与心得，促进共同成长。

后续延展阶段：研修活动结束后，并不意味着学习的终止。学校通过组织教学重建、案例撰写、网上研修、成果提炼等多种方式，对研习成果进行巩固与深化。教师团队根据研习所得，开展教学实践，不断反思与调整教学策略，以期达到最佳教学效果。此外，学校还通过多次研修、追踪及提升，确保研修成果的持续性和有效性。

2. "刻意练习"与团队协作

学校借鉴"刻意练习"的理念，引导教师在研修过程中进行有针对性的、高强度的练习。通过设定明确的目标，制订详细的计划，提供及时的反馈与调整，帮助教师逐步提升自己的专业素养和教学能力。同时，学校强调团队协作的重要性，通过组织多样化的研修社群和团队活动，促进教师之间的知识分享与经验交流。在团队协作中，教师不仅能够获得同伴的支持与鼓励，还能够通过相互学习与借鉴，不断提升自己的教学水平和创新能力。

## 五、变革嵌入式成长性评价

### 1. 实施嵌入式组织变革

随着研修时空和社群的重构与重组,学校对业务管理也进行了相应的变革。实施扁平化的嵌入式治理模式,通过设立课程教学中心主任领导下的"教师中心站长"制,各学科主任兼任教师中心责任人,负责各教师中心的研修任务。这种治理模式使得决策更加迅速,执行更加高效,为研修活动的顺利开展提供了有力保障。

### 2. 搭建展示性成长平台

学校积极搭建多样化的展示性成长平台,为教师提供展示自己教学成果和研修心得的机会。通过设立"教师微讲堂"、嵌入式集中备课团队、融汇杯赛课等形式,让教师在分享与交流中不断成长与进步。这些平台不仅促进了教师之间的学习与借鉴,还增强了教师的职业幸福感和成就感。

### 3. 构建"双驱型"评价制度

学校构建了团队与个体深度嵌入的"双驱型"研修评价体系。通过加大团队评价的比重、出台教师月考评制度、设立奖项激励以及将教师个人成长绩效与团队组织绩效捆绑评价等措施,促进了教师从"机械应付"到"刻意练习"的转变。这种评价体系既关注教师的个体成长又重视团队的整体进步,实现了从功利取向到幸福导向的转变。

## 二、案例分析

### (一)设计的思路

#### 1. 物质资源嵌入

将图书、乐器、电脑等器材嵌入教师工作空间,形成资源聚集的"物理场"。为了构建一个资源丰富的"物理场",促进教师在日常工作中无缝嵌入学习,我们可以将图书、乐器、电脑等多样化教育资源嵌入教师的工作空间之中。这样就能打破传统界限,开放封闭区域,重新规划布局,使图书资料触手可及,乐器演奏与教学相得益彰,而电脑则成为教师们在线学习、资料检索和课件制作的得力助手。这样的嵌入式设计不仅为教师创造了便捷高效的学习环境，还促进了知识、技能和经验的即时交流与共享。教师们在这样的"物理场"中，能够随时随地沉浸在知识的海洋中，享受工作与学习的双重乐趣，进而激发无限的教学灵感与创造力。

2. 专业引领嵌入

将专业引领嵌入学习社群，创设问题情境与任务情境统一的"人际场"。通过引入教学名师、教育专家等外部资源，学校不仅为教师们提供了高水准的专业指导，还鼓励社群内部形成跨学科的对话与交流。在这个"人际场"里，教师们围绕具体的教学难题和实践任务展开讨论，相互启发，共同探索解决方案。这种基于问题情境和任务驱动的研修模式，不仅激发了教师们的学习热情，还促进了彼此之间的深度协作与信任，为学校整体教学质量的提升奠定了坚实的基础。

3. 实践学习嵌入

将碎片化的实践学习与系统化的理论学习嵌入学校研修，创造实践与理论融合的"实践场"。通过设计一系列基于真实教学场景的任务和挑战，学校鼓励教师在实践中发现问题、反思问题，并引导其运用系统化的理论知识进行剖析和解决。同时，学校还定期组织专题讲座、工作坊和研讨会，为教师提供系统的理论学习支持，帮助他们将理论知识转化为解决实际问题的能力。这种研修模式不仅提升了教师的专业素养，还促进了他们在教学实践中不断创新与突破。

4. 评价体系嵌入

将个体评价与团体评价嵌入学校研修，创造积极心理情境支撑的"文化场"。学校要认识到评价机制的构建对于激发教师潜能、促进团队协作以及营造积极心理氛围的重要性。为此，学校应注重将个体评价与团体评价巧妙地嵌入研修活动的各个环节中，努力创造一个以积极心理情境为支撑的"文化场"。这一举措不仅鼓励每位教师充分发挥个人优势，展现独特的教学风采，还强调团队合作与集体智慧的力量。通过实施团队与个体深度嵌入的研修评价体系，学校既肯定了教师的个体成就，又强调了团队的整体贡献，有效避免了单一评价带来的片面性和局限性。这样的评价机制不仅激发了教师的内在动力，还促进了教师间的相互学习、支持与协作，为教师的专业成长和学校的持续发展注入了强劲的动力。

（二）实施步骤

1. 创建简便空间，嵌入日常工作中

在推进嵌入式研修的实践中，重庆市融汇沙坪坝小学深刻认识到，研修活动不应成为教师的额外负担，而应自然地融入其日常工作中。为此，学校精心规划并创建了简便易用的研修空间，确保研修与教学工作无缝衔接。这些研修空间不仅遍布校园的各个角落，如嵌入式的楼层、场馆及办公室，还充分利用网络平台构建了虚拟的研修社群。通过这些设计，教师能够在教学之余，便捷地参与到各类研修活动中，实现了工作与学习的高度融合。此外，学校还鼓励教师将研修成果及时应用于教学实践，形成了研修与工作相互促进的良性循环。这种将研修嵌入日常工作的做法，不仅提高了研修的实效性，还极大地提升了教师的工作满意度和职业幸福感。

2. 嵌入共生研修社群，专业引领成长

在嵌入式研修的实践中，重庆市融汇沙坪坝小学深刻认识到合作共生社群对于教师专业成长的重要性。学校通过改良传统性研修社群，如师带徒、备课组、教研组等，并嵌入专业引领资源，使其焕发新的活力。同时，创新性地推出"三人行"研修社群，鼓励教师基于共同的研究志趣和研修契约自主组建团队，实现内生性驱动和高频率运转。此外，学校还聚焦学导式研修社群，通过学生与导师的协作研修，实现私人订制、专家引领和集群助力。这些合作共生的研修社群，不仅为教师提供了丰富的专业引领资源，还促进了教师之间的深度交流与合作，使他们在相互学习、相互启发中共同成长。这种研修模式不仅提升了教师的专业素养，还增强了教师团队的凝聚力和向心力。

### 3. 聚焦系统立体课程，嵌入实际问题

在重庆市融汇沙坪坝小学的嵌入式研修实践中，学校高度重视研修课程的系统性和立体性，确保课程内容紧密嵌入教学科研的实际问题中。学校设计了层次分明的教师成长课程体系，包括入格、升格、优格、创格等阶段，每个阶段都围绕教师当前面临的教学挑战和科研需求展开。通过结构化设计，将教师碎片化的学习经验整合为系统化的课程模块，帮助教师从捕捉教学现象、阐释理论困惑到设计解决方案、实施实践改进，形成完整的闭环。同时，学校还提供个性化特需预约专修课程，根据教师的个性特征和实际需求进行精准匹配，确保每位教师都能在适合自己的学习路径上得到成长。这种系统立体的研修课程，不仅提升了教师的专业能力和科研水平，还促进了教学质量的持续改进和学校整体教育质量的提升。

### 4. 嵌入"刻意练习"模式，促进自主互助

在重庆市融汇沙坪坝小学的嵌入式研修实施中，学校特别嵌入了"刻意练习"模式，以促进教师的自主互助研修。学校借鉴了安德斯·艾利克森的"刻意练习"理论，鼓励教师将复杂的教学技能和学习目标分解为一系列具体的小任务，通过反复练习和持续反馈，实现精准提升。学校组织了多种形式的研修社群，如"三人行小课题研究分队""精品课例研修虚拟教研室"等，为教师提供了广泛的自主互助平台。教师们在这些社群中，基于共同的研究兴趣和目标，相互协作，共同攻克教学难题，通过不断地"刻意练习"，不仅提高了个人的教学技能，还增强了团队的协作能力和整体的教学水平。这种嵌入"刻意练习"的研修模式，有效激发了教师的内在动力，促进了其自主互助研修的深入发展。

### 5. 构建双驱型评价制度，促进集群成长

在重庆市融汇沙坪坝小学的嵌入式研修中，学校注重搭建展示性成长平台和构建双驱型评价制度，以全面促进教师的集群成长。学校通过设立"教师微讲堂"，让教师在每周的集中学习时间里展示教学成果，分享教学感悟，既增强了教师的自信心，也促进了教师间的相互学习和启发。此外，

学校还成立了嵌入式集中备课团队，通过寒暑假的集中备课和抽签展示，让教师在压力与机会并存的环境中快速成长。每学期举办的"融汇杯"赛课活动，更是为不同层次教师提供了展示自我的舞台，邀请专家、名师现场点评，实现了教师的立体成长。同时，学校构建了团队与个体深度嵌入的双驱型评价制度，既关注个人成长，又强调团队合作，通过月考评、奖项激励和团队评价等方式，引导教师从功利取向转向幸福导向，共同促进教师的集群成长。

### （三）注意事项

#### 1. 空间需开放包容

在实施嵌入式研修时，研修空间的开放性与包容性至关重要。重庆市融汇沙坪坝小学通过全域建设空间更大、包容性更强、交互性更好的学习空间，确保研修环境能够充分支持教师的多样化需求。这意味着学校不仅要打破传统封闭空间的限制，将图书、乐器、电脑等学习资源嵌入更开放的区域，还要确保这些空间能够容纳不同学科、不同层次的教师共同参与研修活动。此外，研修空间的设计还需注重灵活性，以使教师能够根据不同的研修主题和需求，自由组合和调整空间布局，营造出一个既有利于个人学习又促进团队协作的良好环境。只有这样，才能真正实现研修空间的最大化利用，为教师的专业成长提供有力支持。

#### 2. 社群需稳固合理

在构建嵌入式研修社群时，确保社群的稳固性与搭配的合理性是不可忽视的关键。重庆市融汇沙坪坝小学在创新研修社群方面，不仅保留了师带徒、备课组、教研组等传统有效组织形式，还通过嵌入"专业带头人"的方式赋予其新的活力。同时，创新性地成立了"三人行"研修社群，利用自组织特性和内生性驱动，促使教师因研究志趣而聚集，通过研修契约增强协作。此外，学导式研修社群的建立，进一步推动了教师与学生之间的深度合作，形成了教师互助成长的良好生态。为了确保研修社群的稳固性，学校还注重合理搭配不同学科、不同经验层次的教师，避免单一同质化的倾向，从而在社群内部形成知识共享、互补共赢的良好氛围。这样的社群构建策略，不仅促进了教师的个人成长，更推动了教师集群的整体进步。

3. 内容要精准专业

在规划嵌入式研修内容时，精准化与专业化是确保研修成效的核心要素。重庆市融汇沙坪坝小学通过系统构建教师阶段成长课程，针对不同层次教师的需求，提供入格、升格、优格、创格等模块化的学习内容，确保每位教师都能在适合自己的阶段获得精准的成长支持。同时，学校还注重结构化教师实践参与课程的开发，将教育教学中的实际问题细化为系统任务，引导教师从问题捕捉、理论阐释、方案设计到实践解决、评价提升，形成完整的研修闭环。此外，个性化特需预约专修课程的设立，更是基于教师个性化需求，提供私人订制的专业成长方案，确保研修内容的专业性和针对性。这一系列举措，有效解决了研修内容泛化、碎片化的问题，推动了教师研修的精准化和专业化发展。

4. 评价需强化幸福导向

在推进嵌入式研修过程中，评价机制的转变至关重要。传统评价往往过于注重功利取向，如职称评定、绩效考核等，这可能抑制教师的积极性和创造性。因此，我们需要弱化这种功利性评价，转而强化幸福导向的评价体系。具体而言，学校可以实施扁平化的嵌入式治理模式，通过"教师中心站长"制和学科主任领导下的层级管理，减少管理层级，增强教师的参与感和归属感。同时，搭建展示性成长平台，如教师微讲堂、嵌入式集中备课团队展示和融汇杯赛课等，让教师在展示中获得成就感和幸福感。此外，构建"双驱型"评价制度，将个人竞争与团队协作相结合，既注重个人成长绩效，又强调团队组织绩效，从而促进教师从"要我学"向"我要学"转变，实现研修评价的幸福导向。

# 后　记

窗外的紫绣球正开得烂漫。早春时节，坐在书房里整理完最后一篇案例文稿时，恍惚间好像回到三年前的雨天——湛江雷州市某小学的老校长攥着被雨水洇湿的研修计划表问我们："刘老师，您说我们这种村小，怎么才能让校本研修不变成走过场？"彼时走廊外是教师们在雨中匆匆搬运教具的身影，檐角坠落的雨滴与老校长眼里的焦灼，共同叩击着我们作为教育研究者的良知。

本书的诞生，源于无数个这样的瞬间。在与粤西乡村中小学长达十余年的深度互动中，我们目睹着教育理想与现实困境的角力：当发达地区的学校已开始探索"课例深描""数据循证"等新型研修模式时，许多乡村教师仍在教研活动记录簿上机械誊写着"集体备课"四个字。这种割裂感促使我们重新审视"校本研修"的本土化命题——它不应是舶来理论的简单移植，而需在县域教育的土壤里长出适应性的根系。于是，我们着手开展本书的撰写，将典型的研修模式与策略介绍给乡村学校的教师，并力求突显其实用性。

需要特别说明的是，虽本书由两位研究者共同完成，但后记执笔任务由第一作者承担。在近 12 个月的写作周期里，我们通过每周线上协作会议、三轮交叉审稿不断校准学术观点。心玄老师不仅参与第二章"课例式校本研修"、第三章"主题式校本研修"的写作，更承担了跨省案例的系统整理与全书的精细化校对，这种"理论建构 - 实践验证 - 文本淬炼"的三维协作，恰似我们推崇的校本研修生态——既有专业分工的精度，又具协同共生的温度。

在建构理论框架的困顿时刻,岭南师范学院王林发教授的箴言总如启明星般照亮前路:模式的生命力在于解决真问题。华南师范大学葛新斌教授更以管理学视角,帮助我们突破教师专业发展的单向度思维。特别感谢合著者成心玄老师,您对第二章、第三章学理脉络的缜密梳理,对跨区域案例的对比分析,以及对全书表述的校对润色,都付出了辛勤汗水。

此刻,南国的春风正翻动着案头并置着两人批注的书稿。若这本凝结着田野温度的小书,能为某所乡村学校的教研活动增添一抹亮色,或让某位校长在规划研修方案时多一份笃定,那便是对这段写作旅程最好的回馈。教育本就是一场静待花开的修行,愿我们都能在校本研修的土壤里,种出属于自己的紫绣球。

刘天平

2025 年 1 月于湛江